Mastering Polish Words

Increase Your Vocabulary with Over 1,000 Polish Words in Context

Contents

Introduction

Would you like to learn Polish but you don't know where to start? Does the Polish language and the complexity of its grammar and pronunciation make you feel overwhelmed? If you answered "yes" to these questions, you are not alone. Many people today would like to acquire a new language, at least at a decent level. Yet, they lack motivation since the process of learning seems to be demanding and time-consuming. Many of them get lost before they have even started.

If you have experienced such problems with learning Polish, here is some great news! You are about to get started and learn the essential Polish words that will give you the foundations of the language. This book will *not* introduce you to grammatical concepts or complex sentences. Instead, it will make you taste the Polish language and just move towards your goal.

You will acquire the essential vocabulary word by word. Each word will be translated into English and placed in the context of a sentence. The sentence will be translated into English too. And that is it! No grammar, no boring and long exercises – just words!

The first chapter will present the core of the Polish language – the alphabet, numbers, and basic expressions like *hi* or *bye*.

In the next chapter, you will learn some differences between Polish and English. Here you will notice some grammar bits, yet they only serve to make you aware of some essential processes. As soon as you get to know them, you will process the new words faster and more efficiently.

The next chapter will present the most commonly used Polish words. They will be accompanied by an English translation and a sentence (also with an English translation).

The subsequent chapters will present Polish words taken from a particular context. They will be used in a sentence that may be useful in a specific situation (e. g. at a restaurant, hotel, airport, school, workplace). Each chapter with specific words will contain a short vocabulary quiz at the end. All in all, the scheme of word presentation will look like this:

1.SAMOCHÓD – A CAR

Chcę kupić szybki samochód.

I want to buy a fast car.

2.KSIĄŻKA – A BOOK

Ta książka jest świetna.

This book is very cool.

Before you start...

Polish is certainly not one of the most spoken languages in the world – since it is the official language of Poland exclusively. It has around 38 million speakers in Poland, but many immigrants in countries such as the United States of America, the United Kingdom, Germany, Norway, or Ireland are Polish. The Polish Community Abroad includes, for example, more than one million Poles in the UK and nearly one million in the States. What is also interesting is that many Americans are of Polish origin, due to the mass emigration caused by the difficult political situation in Poland in the eighteenth and nineteenth centuries.

Many native speakers of English consider Polish (along with Chinese, Arabic, and Japanese) as one of the hardest languages to learn, due to its heavy inflectional system and, probably, pronunciation. It may be partially true; however, the beginning is always the toughest part of any language journey. The more you practice, the more automatic your language use will become, and the more familiar Polish sounds will become. Besides, speaking one of the hardest languages in the world is quite an achievement.

Polish is a Slavic language, yet its written form is not based on the Cyrillic alphabet but the Latin script. Therefore, the Polish sounds can be tough to learn, especially some unusual consonant clusters like *szcz* or *dżdż*. However, the more you practice the pronunciation, the more automatic it becomes. The beginning is always the hardest part of any language journey since your first language data interfere with the new data that come into your mind. This book will teach you the vocabulary and grammar basics, along with some cultural background.

Hopefully, you shall go through this book at least two times! The first time is for learning and trying the language, and the second time is for memorization. You can learn the words wherever you want – at school, home, during your lunch break, during a flight or bus journey. You choose!

Good luck, and have fun!

Chapter 1 – The Foundations

Before you start learning the Polish words, you need to acquire the basics of the Polish language – the alphabet, the numbers, and some expressions.

The Polish Alphabet

The Polish alphabet is derived from the Latin alphabet, but the pronunciation has remained purely Slavic. Thus, Polish contains some unusual letters that you won't find in Western European alphabets. Moreover, Polish has some letter clusters that are called digraphs and trigraphs (you will see them in a moment). Interestingly, the letters x, v, and q are absent in Polish, even though they are common in Latin.

Firstly, take a closer look at single letters and their pronunciation. You will notice an English word that contains a similar sound. Be careful! Some sounds (especially vowels) are not identical. This book has picked for you the nearest equivalents.

POLISH ALPHABET:

Polish letter / English sound / pronunciation example

A a / u / as in fun

Ą ą / on, om / as in long

B b / b / as in bat

C c / ts / as in bits

Ć ć / ch / as in cheek

D d / d / as in dog

E e / e / as in red

Ę ę / en, em / as in dense

F f / f / as in frog

G g / g / as in gap

H h / ch / as in hamster (heavily aspirated)

I i / ee / as in cheek

J j / y / as in yeti

K k / c / as in call

L l / l / as in look

Ł ł / w / as in wall

M m / m / as in mom

N n / n / as in nose

Ń ń / ng (soft) / as in onion

O o / o / as in hot

Ó ó / u / as in push

P p / p / as in push

R r / r / as in Rome (rolled)

S s / s / as in seek

Ś ś / sh (soft) / as in sheep

T t / t / as in top

U u / u / as in push

W w / v / as in vital

Y y / y / as in rhythm

Z z / z / as in zebra

Ź ź / zh / as in Niger (very soft)

Ż ż / zh / as in pleasure (hard)

All in all, there are thirty-two single letters in the Polish alphabet. Before you move on to diphthongs that may cause some confusion, you need to practice the single sounds. Here is a quick pronunciation exercise.

Exercise: Try to pronounce the Polish letters

A a / u

Ą ą / on, om

B b / b

C c / ts

Ć ć / ch
D d / d
E e / e
Ę ę / en, em
F f / f
G g / g
H h / ch
I i / ee
J j / y
K k / c
L l / l
Ł ł / w
M m / m
N n / n
Ń ń / ng
O o / o
Ó ó / u
P p / p
R r / r
S s / s
Ś ś / sh
T t / t
U u / u
W w / v
Y y / y
Z z / z
Ź ź / zh
Ż ż / zh

Congrats! You have managed to pronounce the Polish alphabet. You have probably faced some problems with the letters that are absent in English. That is fine. You need to train your articulatory muscles to move differently. The more you practice, the easier the pronunciation will become.

Now, take a closer look at some weird clusters, the so-called Polish diphthongs and triphthongs – these may be the hardest one to grasp. You are about to exercise your jaw and tongue.

POLISH DIPHTHONGS

Polish diphthong / English sound / pronunciation example

Ch / ch / as in hamster

Ci / ch / as in cheek

Cz / ch / as in chalk

Dz / dz / as in goods (but with voiced s)

Dzi / dz / as in duke (very soft)

Dź / dz / as in duke (very soft)

Ni / ni / as in onion

Rz / s / as in treasure

Si / sh / as in sheep (soft)

Sz / sh / as in shark (hard)

Szcz / shch / – this is a consonant cluster that is absent in English; however, you try to join the sounds / sh / as in shark and / ch / as in chalk – / shch /

Zi / zh /as in Niger (very soft)

You might have found that tough. The *szcz* was probably the hardest one because there is no such letter combination in the English language. The best way to start learning Polish is to get acquainted with the Polish sounds. There will be a lot of hissing sounds coming from your mouth as you practice the Polish diphthongs – Polish is considered a language of snakes! Now, time to practice.

Exercise: Try to pronounce Polish diphthongs

Ch / ch

Ci / ch

Cz / ch

Dz / dz

Dzi / dz

Dź / dz

Ni / ni

Rz / s

Si / sh

Sz / sh

Szcz / shch

Zi / zh

Good job! You will quickly become a master of Polish sounds. Just a little more practice and you will get there.

Now it is time to discuss some interesting aspects of the Polish alphabet. As you have probably noticed, there is a significant difference between English and Polish, as far as alphabets are concerned. English sounds can be represented by multiple letter combinations, whereas Polish is simpler here. For example, the English sound [i] can be represented in the script in many ways (e, ee, i, y, and so on). In Polish, however, the sound [i] is represented only by the letter i. So, if you keep practicing, you will eventually get used to Polish sounds. Polish sounds may seem tough at the beginning, yet the journey becomes easier and easier with time.

There is one more thing that you should be aware of – the Polish orthography. There are some sounds in Polish that have different written representations. Although there are not many of them, you need to know at least that they exist to avoid confusion in the future.

POLISH ORTOGRAPHY

[The sound] – Written representation 1 / Written representation 2

[u] – u / ó

[h] (heavily aspirated) - h / ch

[zh] (hard) – ż / rz

[zh] (soft) - ź / zi

[sh] (soft) – ś / si

[ch] (soft) – ć / ci

[ng] (soft) – ń / ni

[om] – ą / om

This book has shown you the Polish orthography to give you a hint. You do not have to practice it that hard. The best way to learn it is to get familiar with it by reading texts and seeing the words. If you make a mistake, don't worry. Even Polish people struggle with the orthography since you have to learn it by heart. Remember why you want to learn Polish - you want to communicate, not produce perfect pieces of text!

Numbers

Although the rules of creating Polish numbers are quite simple, the pronunciation of Polish numbers can be tough since you have to deal with the hardest sounds. That is why you will need to put some effort in here and practice. For now, take a look at the smallest numbers - the ones from 0 to 10.

0 - zero

1 - jeden

2 - dwa

3 - trzy

4 - cztery

5 - pięć

6 - sześć

7 - siedem

8 - osiem

9 - dziewięć

10 - dziesięć

Have you seen those new letters? English speakers face many problems with the pronunciation of Polish numbers. Thus, you need to stay here for a little longer and practice.

Exercise: Repeat the Polish numbers

zero - zero

one - jeden

two - dwa

three - trzy

four - cztery

five - pięć

six - sześć

seven - siedem

eight - osiem

nine – dziewięć

ten – dziesięć

Very good! Try to repeat all the numbers one by one.

zero

zero, jeden

zero, jeden, dwa

zero, jeden, dwa, trzy

zero, jeden, dwa, trzy, cztery

zero, jeden, dwa, trzy, cztery, pięć

zero, jeden, dwa, trzy, cztery, pięć, sześć

zero, jeden, dwa, trzy, cztery, pięć, sześć, siedem

zero, jeden, dwa, trzy, cztery, pięć, sześć, siedem, osiem

zero, jeden, dwa, trzy, cztery, pięć, sześć, siedem, osiem, dziewięć

zero, jeden, dwa, trzy, cztery, pięć, sześć, siedem, osiem, dziewięć, dziesięć

Good job! You have just counted to ten! Now it is time to expand your horizons. Take a look at the numbers from 11 to 19:

11 – jedenaście

12 – dwanaście

13 – trzynaście

14 – **czter**naście

15 – **pięt**naście

16 – **szes**naście

17 – siedemnaście

18 – osiemnaście

19 – **dziewięt**naście

Here is some more good news! You don't have to learn those numbers by heart. All you need to do is to discover some patterns and try to follow them. Look at the numbers from 11 to 19 again. Have you noticed some regularities?

The Polish *-naście* is an equivalent of the English *-teen*. If you want to make, for example, *seventeen,* you take *seven* and add *-teen.* The Polish rule is the same; you take the number from 0 to 9 and add

-naście. But be careful! There are some numbers like *czternaście, piętnaście, szesnaście,* or *dziewiętnaście* that require slight changes.

That was pretty easy, wasn't it? It is time to polish your pronunciation.

Exercise: Repeat Polish numbers from 11 to 19

11 - jedenaście

12 - dwanaście

13 - trzynaście

14 - **czter**naście

15 - **pięt**naście

16 - **szes**naście

17 - siedemnaście

18 - osiemnaście

19 - **dziewięt**naście

Very good! You are making huge progress! But you won't stop here. More numbers are waiting.

20 - **dwa**dzieścia

30 - **trzy**dzieści

40 - **czter**dzieści

50 - **pięć**dziesiąt

60 - **sześć**dziesiąt

70 - **siedem**dziesiąt

80 - **osiem**dziesiąt

90 - **dziewięć**dziesiąt

100 - sto

You have just learned some bigger Polish numbers. Now it is time to practice. You need to say *dziewięćdziesiąt* accurately!

Exercise: Repeat the Polish numbers

20 - **dwa**dzieścia

30 - **trzy**dzieści

40 - **czter**dzieści

50 - **pięć**dziesiąt

60 - **sześć**dziesiąt

70 - **siedem**dziesiąt

80 - **osiem**dziesiąt

90 - **dziewięć**dziesiąt

100 - sto

Your favorite Polish number is probably *sto*! You already know the *rounded* numbers. Now you need to learn the other ones. The pattern is straightforward: you just read what you see from left to right. Here are some examples.

21 - dwadzieścia jeden

55 - pięćdziesiąt pięć

48 - czterdzieści osiem

37 - trzydzieści siedem

92 - dziewięćdziesiąt dwa

75 - siedemdziesiąt pięć

In Polish, you don't write a dash in two-digit numbers. You just write what you see. How about some practice?

Exercise: Create the numbers in Polish

24 -

27 -

36 -

41 -

49 -

54 -

69 -

73 -

82 -

99 -

100 -

Good job! *Sto* was like an unexpected gift after those hard tongue twisters. Anyway, you need to realize that you have just learned Polish numbers! Now it is time to move on to the next topic.

Telling the Time

The most important thing to remember is that Polish people tell the time differently. Unlike English speaking countries, Poland follows the 24-hour format; thus, you will less often hear a Polish person say something similar to AM or PM. In fact, Polish people may tell the time following the 24-hour format or the 12-hour format.

The second difference is that polish hours are declined by gender and case, so you cannot simply say *jest pięć*. Instead, you have to say *jest piąta*. The good news is that all hours are feminine, so the endings look quite similar.

The 24-hour format is as follows:

1:00 AM – 1:00 – pierwsza

2:00 AM – 2:00 – druga

3:00 AM – 3:00 – trzecia

4:00 AM – 4:00 – czwarta

5:00 AM – 5:00 – piąta

6:00 AM – 6:00 – szósta

7:00 AM – 7:00 – siódma

8:00 AM – 8:00 – ósma

9:00 AM – 9:00 – dziewiąta

10:00 AM – 10:00 – dziesiąta

11:00 AM – 11:00 – jedenasta

12:00 AM - 12:00 – dwunasta

1:00 PM - 13:00 – trzynasta

2:00 PM - 14:00 – czternasta

3:00 PM – 15:00 – piętnasta

4:00 PM – 16:00 – szesnasta

5:00 PM – 17:00 – siedemnasta

6:00 PM – 18:00 – osiemnasta

7:00 PM – 19:00 – dziewiętnasta

8:00 PM – 20:00 – dwudziesta

9:00 PM – 21:00 – dwudziesta pierwsza

10:00 PM – 22:00 – dwudziesta druga

11:00 PM – 23:00 – dwudziesta trzecia

12:00 PM 24:00 – dwudziesta czwarta / północ [midnight]

Która jest godzina? – What time is it?

Jest ... – It's ...

5:00 AM – 5:00 rano [5 in the morning] / 5:00 or piąta

5:00 PM – 5:00 po południu [5 in the afternoon] / 17:00 or siedemnasta

9:00 AM – 9:00 rano [9 in the morning] / 9:00 or dziewiąta

9:00 PM – 9:00 wieczorem [9 in the evening] / 21:00 or dwudziesta pierwsza

4:30 AM – wpół do piątej [half past four] / czwarta trzydzieści [four-thirty]

6:15 PM – piętnaście po szóstej / osiemnasta piętnaście [six-fifteen]

11:50 PM – za dziesięć dwunasta [ten to twelve] / dwudziesta trzecia pięćdziesiąt [eleven-fifty]

As you can see, Polish people follow the 24-hour format as well as the 12-hour format, depending on the context. In the 12-hour format, they usually add expressions such as *rano* [in the morning], *po południu* [in the afternoon], or *wieczorem* [in the evening] to indicate the time of day. It is important to know that the 24-hour format is used more in formal situations and usually appears on train/bus schedules, programs, etc. The 12-hour format is used more in informal interactions.

Greetings and Basic Everyday Expressions

Polish basic everyday expressions are similar to the English ones with only one exception: Polish people do not use an equivalent of the English *good afternoon.* Analyze some of the general greetings:

Dzień dobry! – Good morning / Good afternoon!

Dobry wieczór! – Good evening! (rather formal)

Do widzenia! – Goodbye!

Dzień dobry Pani – Good morning Mrs./Ms.*

Dzień dobry Panu/Panie – Good morning Mr.*

Cześć! – Hello / Hi!*

Cześć! – Bye! (informal) *

*When you don't know someone, or you address a much older person, always use *dzień dobry* instead of *cześć*. When you are at work, it is advisable to say *dzień dobry / do widzenia (Pani / Panie)* instead of *cześć* (*cześć* is rather an informal form of address), unless you get to know your colleagues better. Also, students at school/university never say *cześć* to their teachers, and teachers do not use *cześć* when addressing their students. If you want to address a teacher, always use *dzień dobry* and be polite, no matter how long you have known the teacher.

Dobranoc! – Good night!

Tak – Yes

Nie – No

Może ... – I guess ... / Maybe

Smacznego! – Enjoy your meal! / Bon appétit!

Na zdrowie! – Bless you!

Na zdrowie! – Cheers! (when making a toast)

Przepraszam – I am sorry / Excuse me

Dziękuję – Thank you

Nie ma za co – You're welcome

Proszę – Please

Proszę – Here / Here you are / Here you go / There you go

Szczęść Boże! – God bless you! (Polish people rarely use *dzień dobry / dobry wieczór* when addressing priests, nuns, monks, etc. Instead, they use *Szczęść Boże* [God bless you] or *Niech Będzie Pochwalony Jezus Chrystus* [Praised be Jesus Christ]).

Co tam? / Co u ciebie? – How are you? / How do you do?*

*It is important to note that expressions such as *how are you / how do you do* are perceived differently in Poland since Polish people use them rarely. Generally, asking such questions is not a standard pattern. If you ask a Polish person, *how do you do?* don't expect something like *I'm fine / I'm okay / I'm doing great*. Instead, a Polish person will tell you a couple of things about their job/school/family life, etc. So, Polish *co tam / co u ciebie?* is slightly different from the English *how are you?*.

Some colloquial expressions are used mostly by younger generations. It is good to know a couple of informal greetings as well:

Siema! – Hey!

Elo! – Yo! (a very informal form of addressing your close friends)

Jak leci? – What's up?

Trzymaj się! – Take care!

Na razie! – Bye! (informal)

Dzięki! – Thanks!

Spoko! / Ok! / Okej! – Okay! / No problem! (Polish people say *okay* very often)

Sory / Sorki – Sorry (again, Polish younger generations often say *sorry* instead of *przepraszam*)

It is time to practice the expressions you have just learned.

Exercise: Try to say in Polish

Good morning / Good afternoon!

Good evening! (formal)

Goodbye!

Good morning Mrs. / Ms.

Good morning Mr.

Hello / Hi!

Bye! (informal*)*

Hey!

Yo!

What's up?

Take care!

Thanks!

Okay! / No problem!

Sorry

Good night!

Yes

No

I guess ... / Maybe

Enjoy your meal! / Bon appétit!
Bless you!
Cheers!
I am sorry / Excuse me
Thank you
You're welcome
Please
Here / Here you are / Here you go / There you go
God bless you!

Very good! You have already learned so much! It is high time you are shown some theoretical background. Don't get bored or discouraged! You will be amazed by the differences between Polish and English!

Chapter 2 – Minimal Amount of Theory

Knowing some basic differences between your mother tongue and the target language is vital. Thus, before diving straight into vocabulary learning, take a closer look at some features that can be quickly noticed from the beginning of your journey.

Formal/Informal

As you probably know, English speakers do not have many opportunities as far as using formal forms of address is concerned. In Polish, however, formality is of great importance. The biggest difference between these languages can be observed in situations that require using the second-person singular or plural (*you*). When addressing somebody that is not a friend or relative, Polish speakers use *Pan/Pani* instead of *you* (*Pan* is for men, and *Pani* is for women).

For example, "Could *you* tell me what time it is?" would be "Czy mógłby *Pan* mi powiedzieć która jest godzina?" or "Czy mogłaby *Pani* powiedzieć mi która jest godzina?" What is more, the second-person plural involves using a different formal form so that the above sentence would look like this: "Czy mogliby *Państwo* powiedzieć mi która jest godzina?" Interestingly, if you have known someone for a while in Poland, you can suggest "*przejście na ty,*" which literally means "*switching to you [form].*"

Pronouns

English appears to contain only a few personal pronouns when compared to Polish. Why? The answer is pretty simple – Polish personal pronouns are inflected by case, gender, and number. Think for a moment about the English personal pronouns. What are they? You probably know that there are only three ways of using an English pronoun. For example, *me, my,* and *mine* or *you, your,* and *yours.*

Polish pronouns are quite different since each pronoun has not three, but seven different forms. Why? The answer is quite obvious – each pronoun looks different in each case (as mentioned earlier, there are seven cases in the Polish language). Pronouns look different not only in different cases but also in different genders and numbers. For now, this book will stop the theoretical explanations and show you how Polish pronouns work in practice.

Ja – I
Ty – you
On – he
Ona – she
Ono – it
My – we
Wy – you
Oni / one – they

Masculine/Feminine

As mentioned, the Polish language differs from English significantly in the field of gender since Polish masculine, feminine, or neuter do not correspond with the actual sex. To be more precise, the Polish language has grammatical gender, whereas English has biological gender. What is even more interesting is that Polish speakers use masculine or feminine often when talking about inanimate objects such as pieces of furniture or fruit.

For example, the Polish word *banan* [banana] is masculine, the word *truskawka* [strawberry] is feminine, and the word *mango* [mango] is neutral. Indeed, as presented above, a category has nothing to do with the actual gender, which is one of the most difficult concepts to grasp by non-native Polish language learners.

Singular/Plural

As far as the grammatical number is concerned, Polish singular or plural are usually formed with different endings that correspond with gender. In the Polish plural form, there are only two genders: masculine and non-masculine. By comparison, English plural involves the ending -s with only a few exceptions, whereas Polish plural involves endings such as -y, -i, -e, or -a. To make matters a tad more complicated, the usage of these endings is not determined by any rules.

For example, the word *dom* [house] is masculine, yet it is an object. Then its plural form, *domy* [houses], involves the ending -y. The word *mężczyzna* [man] is masculine and refers to a person. Its plural form, *mężczyźni* [men], ends with -i. As you can see, there are more popular patterns, yet no clear principles can be distinguished as far as endings are concerned.

Cases and corresponding inflections

There are seven cases in total. Polish nouns change their endings, depending on how the case is declined. And that is all you should know for now. This book won't teach you the declensions because it's unnecessary. Mastering the rules won't make your learning efficient. Even if you apply a wrong ending, your message will be understood anyway. Take a look at some examples to see how nouns work in different Polish cases.

BOOK – KSIĄŻKA

Nominative – książ<u>ka</u>

Genitive – książ<u>ki</u>

Dative – książ<u>ce</u>

Accusative – książ<u>kę</u>

Ablative – (z) książ<u>ką</u>

Locative – (o) książ<u>ce</u>

Vocative – książ<u>ko</u>!

COMPUTER - KOMPUTER

Nominative - komput<u>er</u>

Genitive - komput<u>era</u>

Dative - komput<u>erowi</u>

Accusative - komput<u>er</u>

Ablative - (z) komput<u>erem</u>

Locative - (o) komput<u>erze</u>

Vocative - komput<u>erze</u>!

As you have probably noticed, the endings are quite different. There is no point in making you remember the rules. Your learning has to be quick, efficient, and fun! The best way is to learn the cases gradually, in context, and by using associations. If you try to learn all variations of the same word by heart, you will find yourself overwhelmed sooner or later. So, don't worry.

Even some proper names have to be declined by case. Look at the examples below:

Francja [France] – feminine noun

Nominative - Francja

Genitive - Francji

Dative - Francji

Accusative - Francję

Ablative - (z) Francją

Locative - (o) Francji

Vocative - Francjo!

Włochy [Italy] – plural noun

Nominative - Włochy

Genitive - Włoch

Dative - Włochom

Accusative - Włochy

Ablative - (z) Włochami

Locative - (o) Włoszech

Vocative - Włochy!

Have you already panicked? If so, don't! This theoretical part is included here only to give you the idea of how the language works and in what ways it is different from your mother tongue. Don't expect any advanced grammar in some later exercises. Just have fun!

Articles

You know what articles are, don't you? The three basic articles in English are *a, an,* and *the.* In contrast, the Polish language does not have any articles. You probably don't think much about using articles in English – as you produce them naturally. It is something you have been hearing and seeing since early childhood. From the native Polish speaker's perspective, the idea of English articles is hard to grasp. Despite knowing the rules and exceptions, even advanced and proficient Polish speakers of English cannot fully understand English articles.

Fortunately, you do not have to learn any articles since Polish doesn't contain any. So, take a break and relax for a little while.

Polish Verbs

Verbs in the Polish language are a quite complex phenomenon since different groups require different declensions. This means no one universal pattern could apply to all verbs. Polish verbs correspond with **gender, number, and person**. To show how they work, analyze the present forms of *iść* [to go], *mieć* [to have], *być* [to be].

iść [to go]
Ja [I] – idę
Ty [you] – idziesz
On [he] – idzie
Ona [she] – idzie
Ono [it] – idzie
My [we] – idziemy
Wy [you] – idziecie
Oni [they masc.] – idą
One [they fem.] – idą
mieć [to have]
Ja [I] – mam

Ty [you] – masz
On [he] – ma
Ona [she] – ma
Ono [it] – ma
My [we] – mamy
Wy [you] – macie
Oni [they masc.] – mają
One [they fem.] – mają

być [to be]
Ja [I] – jestem
Ty [you] – jesteś
On [he] – jest
Ona [she] – jest
Ono [it] – jest
My [we] – jesteśmy
Wy [you] – jesteście
Oni [they masc.] – są
One [they fem.] – są

Polish contains only two aspects: **perfective** (that indicates completed action), and **imperfective** (that indicates uncompleted action). It is important to note that both aspects do not refer only to the past. You can apply the perfective or imperfective to the future as well.

Look at the verb *robić* [do] in the past form:

robić [to do] – imperfective
Ja [I] – robiłem (m.) / robiłam (f.)
Ty [you] – robiłeś (m.) / robiłaś (f.)
On [he] – robił
Ona [she] – robiła
Ono [it] – robiło
My [we] – robiliśmy (m.) / robiłyśmy (f.)
Wy [you] – robiliście (m.) / robiłyście (f.)
Oni [they masc.] – robili

One [they fem.] – robiły

robić [to do] – perfective

Ja [I] – zrobiłem (m.) / zrobiłam (f.)

Ty [you] – zrobiłeś (m.) / zrobiłaś (f.)

On [he] – zrobił

Ona [she] – zrobiła

Ono [it] – zrobiło

My [we] – zrobiliśmy (m.) / zrobiłyśmy (f.)

Wy [you] – zrobiliście (m.) / zrobiłyście (f.)

Oni [they masc.] – zrobili

One [they fem.] – zrobiły

Adjectives

It is not just the nouns that are messy in Polish; the adjectives are also confusing. In fact, they need to stay in compliance with gender, number, and case, so they, too, require different endings. To make things less complicated, they do not act like separate random words – they depend directly on the noun they describe. So, if the noun is singular feminine in the dative case, the adjective will also be singular feminine in the dative case.

Below, you will see how the adjectives work in different cases, genders, and numbers. Be aware that you do not have to memorize the declensions. They are here only to show you how Polish works. You need to learn adjectives in context, provided that you are more or less familiar with the patterns. Look at the adjective *mały*, which means *small*:

mały samochód – a small car (masculine noun, singular)

[Nominative] mały samochód

[Genitive] małego samochodu

[Dative] – małemu samochodowi

[Accusative] – mały samochód

[Ablative] – (z) małym samochodem

[Locative] – (o) małym samochodzie

[Vocative] – mały samochodzie!

mała dziewczynka – a small girl (feminine noun, singular)

[Nominative] mała dziewczynka

[Genitive] małej dziewczynki

[Dative] – małej dziewczynce

[Accusative] – małą dziewczynkę

[Ablative] – (z) małą dziewczynką

[Locative] – (o) małej dziewczynce

[Vocative] – mała dziewczynko!

małe dziecko – a small child (neutral noun, singular)

[Nominative] małe dziecko

[Genitive] małego dziecka

[Dative] – małemu dziecku

[Accusative] – małe dziecko

[Ablative] – (z) małym dzieckiem

[Locative] – (o) małym dziecku

[Vocative] – małe dziecko!

małe samochody – small cars (masculine noun, plural)

[Nominative] małe samochody

[Genitive] małych samochodów

[Dative] – małym samochodom

[Accusative] – małe samochody

[Ablative] – (z) małymi samochodami

[Locative] – (o) małych samochodach

[Vocative] – małe samochody!

małe dzieci – small children (non-masculine noun, plural)

[Nominative] małe dzieci

[Genitive] małych dzieci

[Dative] – małym dzieciom

[Accusative] – małe dzieci

[Ablative] – (z) małymi dziećmi

[Locative] – (o) małych dzieciach

[Vocative] – małe dzieci!

Those declensions were quite complicated. However, you know how they work, and it is a huge step towards mastering the Polish language.

And that's it! No more grammar for the rest of the book! Now you know the basic grammatical differences between English and Polish. This will prevent you from wondering why some words have different endings or some verbs look slightly different in a sentence when compared to the original word.

Chapter 3 – General and Frequent Words

You have already familiarized yourself with the Polish alphabet, numbers, everyday expressions, and grammar. Now it is time to learn the most frequently used Polish words. They won't be presented in categories (like nouns, pronouns, etc.). Rather, they are placed in random order. You will be provided with an English translation of a word, and the word will be presented in a sentence.

#1 JAK – AS

Jestem wysoka, tak **jak** moja siostra.

I am tall, just **as** my sister.

#2 JEGO – HIS

Jego żona miała wczoraj wypadek samochodowy.

His wife had a car accident yesterday.

#3 ŻE – THAT

Wygląda na to, **że** on zgubił klucze.

It seems **that** he lost the keys.

(**Note:** In Polish, you always have to put a comma before *że* [that].)

#4 BYŁO – WAS

Przyjęcie **było** wczoraj! Dlaczego nie przyszedłeś?

The party **was** yesterday! Why didn't you come?

(**Note:** In Poland, the subject can be omitted in some situations.)

#5 DLA - FOR

Te kwiaty są **dla** ciebie.

These flowers are **for** you.

#6 NA - ON

Czy możesz położyć kawę **na** moim biurku? Jestem teraz zajęta.

Could you put the coffee **on** my desk? I'm busy right now.

#7 SĄ - ARE

Te nowe buty **są** świetne!

These new shoes **are** cool!

#8 BYĆ - TO BE

Powiedzieli, żę mogę **być** kim chcę, więc zostałem aktorem.

They said I could **be** anyone I want to be, so I became an actor.

#9 W - IN \ INSIDE

Ser jest **w** lodówce!

The cheese is **in** the fridge!

Zastanawiam się co jest **w** tamtym kartonie.

I'm wondering what is **inside** that box.

#10 JEDEN - ONE

-Ile kawałków pizzy zjadłeś?

-Tylko **jeden**!

-How many slices of pizza did you eat?

-Just **one**!

#11 MIEĆ - TO HAVE

Chcę **mieć** psa!

I want **to have** a dog!

(**Note:** Polish verbs look different since they correspond with tense, gender, number. etc.) Look at more examples with mieć [to have]:

#11a MAM - I HAVE

Mam gorączkę.

I have a temperature.

#11b MAMY - WE HAVE

Mamy dwójkę dzieci.

We have two kids.

#11c MIELIŚMY – WE HAD

Mieliśmy kiedyś pianino w domu, ale je sprzedaliśmy.

We had a piano at home back then, but we sold it.

(**Note:** There is no need to write the subject in some of the Polish sentences. The ending in the verb carries the information about the subject and the grammatical tense – past, present, or future.)

#12 TEN \ TA \ TO – THIS

(**Note:** The Polish *this* looks different, depending on the gender of the person or object.)

Ten karton jest bardzo ciężki!

This box is so heavy!

To dziecko ciągle płacze. Mam już dosyć!

This kid is always crying. I've had enough!

#13 Z – FROM

Jestem **z** Polski.

I am **from** Poland.

Jestem **z** USA.

I'm **from** the USA.

#14 PRZEZ – BY

Posiłek został przygotowany **przez** naszego szefa kuchni.

The meal has been prepared **by** our chef.

(**Note:** *Przez* is often used with verbs in a passive voice.)

#15 GORĄCY – HOT

Uważaj! Ten garnek jest bardzo **gorący!**

Watch out! This pot is very **hot!**

(**Note:** Polish people use *gorąca* when they are talking about a feminine person\object [she], and *gorące* when they're talking about a neutral person\object [it].)

#16 SŁOWO – A WORD

To **słowo** wygląda dziwnie! Nie rozumiem go.

This **word** looks weird. I don't understand it.

(**Note:** Nouns are inflected by case.)

Analyze one more sentence with *słowo* [word]:

#16a SŁOWA – A WORD [genitive]

Nie rozumiem tego **słowa.**

I don't understand this **word.**

#17 ALE – BUT

Chętnie obejrzałbym film, **ale** muszę iść do pracy.

I would like to see a movie, **but** I have to go to work.

#18 CO – WHAT

Co robisz?

What are you doing?

Co?

What?

#19 KILKA \ TROCHĘ – SOME

Kupiłem **kilka** pomidorów żeby zrobić sos pomidorowy.

I bought **some** tomatoes to make salsa.

Czy mógłbyś dodać **trochę** cukru do mojej herbaty?

Could you add **some** sugar to my tea?

#20 JEST – IS

To **jest** dobry pomysł.

It **is** a good idea.

Jest ciepło. Nie musisz zakładać kurtki.

It's warm. You don't have to put on a jacket.

#21 TO – IT

To jest głupi pomysł.

It is a stupid idea.

#22 LUB – OR

Chodźmy na spacer do parku **lub** chodźmy na plażę.

Let's go for a walk in the park **or** let's go to the beach.

#23 KILKA – SEVERAL

Mam **kilka** fajnych książek na sprzedaż. Chcesz je zobaczyć?

I have **several** books for sale. Would you like to see them?

#24 DO – TO

W przyszłym tygodniu jadę **do** Polski.

I'm going **to** Poland next week.

#25 **I – AND**

Paweł **i** Robert są moimi przyjaciółmi ze szkoły.

Paweł **and** Robert are my friends from school.

Pozmywaj naczynia **i** wynieś śmieci.

Wash the dishes **and** take out the rubbish.

#26 **NA ZEWNĄTRZ – OUTSIDE**

Ubierz się ciepło! **Na zewnątrz** jest bardzo zimno.

Put on warm clothes! It's very cold **outside**.

#27 **INNY \ KOLEJNY – ANOTHER \ THE OTHER**

Te spodnie są już znoszone; potrzebuję **kolejnej** pary.

These trousers are worn out; I need **another** pair.

Bardzo lubię Anię. **Inni** ludzie z mojej pracy są jacyś dziwni.
I really like Ania. **The other** people from my work are weird.

(**Note:** *Inny | Kolejny* [Another \ the other] has to be declined by case, gender, and number. That is why it looks different than the original word.)

#28 **KTÓRY \ KTÓRA \ KTÓRE – WHICH \ THAT**

Mój brat, który jest studentem, mieszka w Warszawie.

My brother, who is a student, lives in Warsaw.

Mam psa, który jest bardzo nieśmiały i nie lubi bawić się z ludźmi.

I have a dog, which is very shy and doesn't like playing with people.

Moja gitara która należała kiedyś do mojego taty jest naprawdę świetna.

My guitar that used to be my dad's is really cool.

(**Note:** In Polish, *który* means *which, who,* and *that* as well. Unfortunately, it has to be declined by gender, case, and number. Also, you have to put a comma before it.)

#29 **ZROBIĆ – TO DO \ TO MAKE**

Czy możesz **zrobić** mi przysługę?

Can you **do** me a favor?

Muszę **zrobić** ciasto na jutrzejsze przyjęcie urodzinowe.

I have to **make** a cake for tomorrow's birthday party.

(Note: *Zrobić* means both *do* and *make*. Polish language does not have a separate word for *make* and *do*.)

#30 ICH – THEIR \ THEIRS

Ich córka ma gorączkę, i została dziś w domu.

Their daughter has a temperature, and she's staying at home today.

Ten dom jest **ich.**

This house is **theirs.**

(Note: Polish possessive adjectives and possessive pronouns are the same.)

#31 CZAS – TIME

Czas jest najcenniejszą własnością.

Time is the most valuable asset.

(Note: Polish people don't use the word *czas* when asking questions like *what time is it?* They ask the question, "Która jest godzina?" which literally means "What hour is now?")

#32 JEŚLI - IF

Jeśli nie będę się uczył to nie zdam egzaminu.

If I don't study, I won't pass the exam.

Jeśli teraz wstanę, to nie spóźnię się do pracy.

If I wake up now, I won't be late for work.

#33 JAK \ W JAKI SPOSÓB – HOW

Jak to zrobiłeś?

How did you do that?

Czy możesz powiedzieć mi **w jaki sposób** mogę wpisać ten kod?

Could you tell me **how** can I enter this code?

#34 POWIEDZIEĆ – TELL

Muszę **powiedzieć** mu, że jutro nie przyjdę na spotkanie.

I have to **tell** him that I won't come to the meeting tomorrow.

Powiedzieliśmy mu, że spotkanie jest odwołane.

We told him that the meeting was canceled.

#35 KAŻDY \ KAŻDA \ KAŻDE – EVERY \ EACH

Każdy w was musi przygotować jeden projekt w roku.

Each of you has to prepare one project a year.

Każde dziecko musi chodzić do szkoły.

Every child has to go to school.

Każda z was może jutro iść na zakupy.

Each of you can go shopping tomorrow.

(**Note:** In Polish, *each | every* has to be declined by gender, number, and case. *Każdy* is masculine, *każda* is feminine, and *każde* is neutral.)

#36 TYDZIEŃ – WEEK

Chodzę na siłownię trzy raz na **tydzień**.

I go to the gym once a **week**.

Za **tydzień** mam lot do Chin.

Next **week** I have a flight to China.

Chodzę na basen trzy razy w **tygodniu**.

I go swimming three times a **week**.

(**Note:** *Tydzień* [a week] is a noun, so it is declined by case. That's why the word looks different in different sentences.)

#37 ROK – YEAR

Każdy ma urodziny tylko raz w **roku**.

Everybody has their birthday only once **a year**.

Ten **rok** był dla mnie bardzo ciężki.

This year has been very tough for me.

(**Note:** *Rok* [a year] is a noun, so it is declined by case. That's why the word looks different in different sentences.)

#38 DZIŚ \ DZISIAJ – TODAY

Zrobię to **dzisiaj**!

I'll do it **today**!

Dziś nie muszę iść do pracy. Wziąłem dzień wolnego.

Today I don't have to go to work. I took a day off.

#39 WIECZOREM – IN THE EVENING (WIECZÓR – EVENING)

Wieczorem idę do restauracji. Pójdziesz ze mną i z moimi przyjaciółmi?

I'm going to a restaurant **in the evening**. Will you come with me and my friends?

#40 W NOCY – TONIGHT (NOC – NIGHT)

W nocy będzie padał śnieg.

It will be snowing **tonight**.

Dzisiejsza **noc** będzie szalona. Idziemy do klubu!

Tonight will be crazy. We're going to a club!

#41 JUTRO – TOMORROW

Jutro będę w okolicy. Mogę cię odwiedzić?

Tomorrow I'll be around. Can I visit you?

#42 WCZORAJ – YESTERDAY

Nie zgadniesz? **Wczoraj** odwiedził mnie mój były chłopak.

Guess what? **Yesterday** my ex-boyfriend visited me.

#43 KALENDARZ – CALENDAR

Zaznaczyłam naszą rocznicę w **kalendarzu**.

I marked our anniversary on the **calendar**.

Ten **kalendarz** wygląda okropnie.

This **calendar** looks terrible.

(Note: *Kalendarz* [calendar] is a noun, so it is declined by case. That's why the word looks different in different sentences.)

#44 SEKUNDA – SECOND

Będę za 10 **sekund**.

I'll be there in 10 **seconds**.

Na stoperze zostało dwanaście **sekund**.

There are twelve **seconds** left on the stopwatch.

#45 GODZINA – HOUR

Która jest **godzina**?

What **time** is it?

(Note: Polish people use the word *godzina* when asking questions like *what time is it?* They ask the question "*Która jest godzina?*" which literally means "*What hour is now?*")

Będę tam za dwie **godziny**.

I'll be there in two **hours**.

#46 MINUTA – MINUTE

Będę tam za **minutę**.

I'll be there in a **minute**.

Musimy porozmawiać. Masz **minutę**?

We need to talk. Do you have a **minute**?

#47 ZEGAR – CLOCK

Zegar pokazuje, że jest za piętnaście trzecia.

The clock reads fifteen minutes to three.

Kupiłam nowy **zegar**. Pokażę ci.

I've just bought a new **clock**. I'll show you.

#48 MÓC – CAN

Mogę otworzyć okno?

Can I open the window?

Możecie już iść. Koniec spotkania.

You can go now. The meeting's over.

#49 KORZYSTAĆ – TO USE

Mogę **skorzystać** z twojego telefonu? Muszę zadzwonić do mamy.

Can I **use** your phone? I need to call my mom.

Tutaj nie wolno **korzystać** z telefonów komórkowych.

Here you mustn't **use** your mobile phone.

#50 IŚĆ – TO GO

Muszę **iść** do sklepu. Nie ma już pieczywa.

I have **to go** to the grocery store. There's no bread left.

Co robisz? – **Idę** do parku.

What are you doing? – **I'm going** to the park.

(Note: Verbs have different declensions in the Polish language. That's why the forms differ, depending on the person, number, gender, tense, etc.)

#51 PRZYCHODZIĆ – TO COME

Przyjdę trochę wcześniej.

I'll come a bit earlier.

Przyjdziesz na moje przyjęcie?

Will you come to my party?

#52 ŚMIAĆ SIĘ - TO LAUGH

Zawsze kiedy widzę to zdjęcie **śmieję się** do łez.

I always **laugh** to tears when I see this picture.

(**Note:** Some Polish verbs are accompanied by the word *się*. The good news is that this word always stays the same – only the verb changes.)

#53 WIDZIEĆ - SEE

Nie **widzę** cię. Gdzie jesteś?

I can't **see** you. Where are you?

Widzisz tamten dom? Moja siostra sprzedała go wczoraj.

Can you **see** that house? My sister sold it yesterday.

#54 DALEKO - FAR (AWAY)

Moja siostra mieszka **daleko**, ale zawsze przyjeżdża do naszego domu na Wielkanoc.

My sister lives **far away,** but she always comes to our house for Easter.

#55 MAŁY - SMALL

Ten płaszcz jest za **mały** dla mnie? Macie większe rozmiary?

This coat is too **small** for me. Do you have bigger sizes?

#56 DOBRY \ DOBRA \ DOBRE - GOOD

Ten film był **dobry**! Muszę obejrzeć go jeszcze raz.

This film was **good**! I have to watch it again.

(**Note:** Polish adjectives have their declensions too [number, gender, case]. The word *dobry* is quite special since its comparative and superlative look different compared to a regular gradation. Just as the English *good – better – the best*, the Polish language has *dobry – lepszy – najlepszy*.)

#57 PIĘKNY \ PIĘKNA \ PIĘKNE - BEAUTIFUL

W górach są **piękne** widoki.

There are many **beautiful** landscapes in the mountains.

Gdzie kupiłaś te buty? Są **piękne**!

Where did you buy these shoes? They're **beautiful**!

#58 BRZYDKI \ BRZYDKA \ BRZYDKIE – UGLY

Ten T-shirt jest **brzydki**. Kup tamten.

This T-shirt looks **ugly**. Buy that one.

#59 TRUDNY \ TRUDNA \ TRUDNE – DIFFICULT

To zadanie jest za **trudne** dla mnie. Mógłbyś mi pomóc?

This task is too **difficult** for me. Could you help me?

#60 ŁATWY \ ŁATWA \ ŁATWE – EASY

To jest **łatwe**! Musisz tylko wcisnąć ten przycisk.

It's **easy**. You only need to push this button.

#61 ZŁY \ ZŁA \ ZŁE – BAD

Ten człowiek jest **zły**.

This man is **bad**.

To miejsce jest **złe**.

This place is **bad**.

(Note: The word *zły* is quite special since its comparative and superlative look different compared to a regular gradation. Just as the English *bad – worse – the worst*, the Polish language has *zły – gorszy – najgorszy*.)

#62 W POBLIŻU \ BLISKO – NEAR \ NEARBY

Mieszkam **w pobliżu**.

I live **nearby**.

Mieszkam **w pobliżu** uniwersytetu.

I live **near** the university.

Ona mieszka **blisko** kościoła.

She lives **near** the church.

(Note: *W pobliżu* can be used as both *near* and *nearby*, yet *blisko* can be used only as *near*.)

#63 PONIEDZIAŁEK – MONDAY

W **poniedziałek** mam wizytę u lekarza.

I have a doctor's appointment on **Monday**.

#64 WTOREK – TUESDAY

We **wtorki** chodzę na basen.

On **Tuesdays,** I go swimming.

#65 ŚRODA – WEDNESDAY

W **środę** ona nie pracuje.

She doesn't work on **Wednesday**.

#66 CZWARTEK – THURSDAY

W przyszły **czwartek** idę do kina.

I'm going to the cinema next **Thursday**.

#67 PIĄTEK – FRIDAY

Piątek to najlepszy dzień tygodnia!

Friday is the best day of the week!

#68 SOBOTA – SATURDAY

W **sobotę** muszę zapłacić czynsz.

On **Saturday** I have to pay the rent.

#69 NIEDZIELA – SUNDAY

W **niedzielę** jedziemy w góry. Jedziesz z nami?

On **Sunday** we're going to the mountains? Are you going with us?

#70 STYCZEŃ

Styczeń jest dla mnie najbardziej stresujący w pracy.

January is always the most stressful in my job.

#71 LUTY

W **lutym** są Walentynki.

Valentine's Day is in **February**.

#72 MARZEC – MARCH

W **marcu** lecę do Paryża.

I'm flying to Paris in **March**.

#73 KWIECIEŃ – APRIL

Uwielbiam **kwiecień**! W kwietniu zawsze jest ciepło.

I love **April**! It's always warm outside in April.

#74 MAJ – MAY

Maj to mój ulubiony miesiąc.

May is my favorite month.

#75 CZERWIEC – JUNE

W **czerwcu**, jedziemy jedziemy odwiedzić Babcię.

In **June**, we're going to visit Grandma.

#76 LIPIEC – JULY

W **lipcu,** wyjeżdżam do Tajlandii. Muszę odpocząć na plaży.

In **July,** I'm going to Thailand. I need to rest on the beach.

#77 SIERPIEŃ – AUGUST

W **sierpniu,** nie muszę iść do szkoły.

In **August,** I don't have to go to school.

#78 WRZESIEŃ – SEPTEMBER

We **wrześniu** mam urodziny.

I have a birthday in **September**.

#79 PAŹDZIERNIK – OCTOBER

Październik jest zawsze ponury i deszczowy.

October is always dark and rainy.

#80 LISTOPAD – NOVEMBER

W listopadzie mój mąż ma urodziny.

My husband has a birthday in November.

#81 GRUDZIEŃ – DECEMBER

Lubię **grudzień**, ponieważ kocham Boże Narodzenie.

I like **December** because I love Christmas.

#82 DZIECKO – CHILD (DZIECI – CHILDREN)

Moje **dziecko** nie lubi jeść ryżu i pić mleka.

My **child** doesn't like eating rice and drinking milk.

Moje **dzieci** w poniedziałki chodzą na lekcje angielskiego.

MY **children** attend English lessons on Mondays.

#83 MĘŻCZYZNA – MAN

Ten **mężczyzna** wygląda podejrzanie.

This **man** looks suspicious.

W moim biurze jest więcej **mężczyzn** niż kobiet.

There are more **men** than women in my office.

#84 KOBIETA – WOMAN

Tamta **kobieta** wygląda pięknie!

That **woman** looks stunning!

Kobiety średnio żyją dłużej niż mężczyźni.

Women live longer than men on average.

#85 CZŁOWIEK – MAN \ HUMAN

Ten **człowiek** jest niesamowity!

This **man** is amazing!

#86 LUDZIE – PEOPLE

Ludzie w dzisiejszych czasach pracują bardzo dużo i są cały czas zajęci.

People nowadays work a lot and are busy all the time.

#87 RODZINA – FAMILY

Moja **rodzina** mieszka w Polsce.

My **family** lives in Poland.

W przyszłym miesiącu lecę do USA, aby odwiedzić moją **rodzinę**.

Next month I'm flying to the USA to see my **family**.

Dzieci z biednych **rodzin** mogą dostać stypendium socjalne.

Children from poor **families** can get a maintenance grant.

#88 MAMA – MOM

Moja **mama** jest najlepsza na świecie.

My **mom** is the best in the world.

Powiedz **mamie**, że pojadę do sklepu po pracy.

Tell **mom** that I'll be going to the grocery store when I finish work.

#89 TATA – DAD

Jej **tata** pracuje w dużej firmie.

Her **dad** works for a big company.

Wczoraj powiedziałam **tacie**, że wyjeżdżam na wymianę studencką.

Yesterday I told my **dad** that I'm going for a student exchange program.

#90 OPIEKUN – CARETAKER

Mój **opiekun** powiedział mi, że muszę wrócić do domu o dziewiątej na wieczór.

My **caretaker** said that I should go back home before nine PM.

#91 BRAT – BROTHER

Mój **brat** jest młodszy ode mnie.

My **brother** is younger than me.

Muszę pomóc mojemu **bratu** odrobić zadanie domowe.

I have to help my **brother** do his homework.

#92 SIOSTRA - SISTER

Moja **siostra** jest starsza ode mnie.

My **sister** is older than me.

Idę dzisiaj z moją **siostrą** do teatru.

I'm going to the theater with my **sister** tonight.

#93 BABCIA - GRANDMA

Moja **babcia** mieszka w innym kraju.

My **grandma** lives in a different country.

Oni jadą jutro odwiedzić **Babcię**.

They're going to visit **Grandma** tomorrow.

#94 DZIADEK - GRANDPA

Jego **dziadek** jest emerytem.

His **grandpa** is retired.

Jutro zamierzam pomóc **dziadkowi** naprawić jego rower.

Tomorrow I'm going to help my **grandpa** repair his bike.

#95 CÓRKA - DAUGHTER

Moja **córka** chodzi do liceum.

My **daughter** goes to high school.

Nie mam tej sukienki teraz. Pożyczyłam ją **córce** mojej koleżanki w zeszłym tygodniu.

I don't have this dress now. I lent it to my friend's **daughter** last week.

#96 SYN - SON

Mój **syn** chodzi do przedszkola.

My **son** goes to kindergarten.

Mojego **syna** nie ma w domu. Teraz jest w szkole.

My **son** isn't home now. He's at school.

#97 MIASTO - TOWN \ CITY

Uwielbiam Warszawę. To moje ulubione **miasto**.

I love Warsaw. It's my favorite **city**.

W jakim **mieście** mieszkasz?

What **city** do you live in?

#98 KRAJ – COUNTRY

Z jakiego **kraju** pochodzisz?

What **country** do you come from?

To jest bogaty **kraj**.

It's a rich **country**.

#99 ŚWIAT – THE WORLD

Świat oszalał.

The world has gone crazy.

Kawa to najlepszy napój **na świecie**.

Coffee is the best drink **in the world**.

#100 KONTYNENT – CONTINENT

Na jakim **kontynencie** znajduje się Polska?

What **continent** is Poland located in?

Azja to największy **kontynent**.

Asia is the largest **continent**.

#101 MIEJSCE – PLACE

Co za piękne **miejsce**! Wrócę tu za rok!

What a beautiful **place**! I'll certainly come back here next year.

#102 SAMOCHÓD – CAR

Wczoraj kupiliśmy nowy **samochód**.

Yesterday we bought a new **car**.

Przepraszam, gdzie mogę wypożyczyć **samochód**?

Excuse me, where can I rent a **car**?

#103 ROWER – BIKE

Mój **rower** zepsuł się dwa dni temu. Mogę pożyczyć twój?

My **bike** broke down two days ago. Can I borrow yours?

Jeżdżę na **rowerze** codziennie.

I ride a **bike** every day.

#104 AUTOBUS – BUS

Przepraszam, kiedy odjeżdża **autobus** 501?

Excuse me, when does the **bus** 501 leave?

Widzisz tamten żółty **autobus**? Jeżdżę nim codziennie do szkoły.

Can you see that yellow **bus**? I go to school on it every day.

#105 POCIĄG - TRAIN

Przepraszam, kiedy odjeżdża **pociąg** do Warszawy?

Excuse me, when does the **train** to Warsaw leave?

Pociąg do Warszawy odjeżdża o 13:45.

The **train** to Warsaw leaves at 1:45 PM.

#106 SKLEP - SHOP \ STORE

Idę do **sklepu**. Mam coś ci kupić?

I'm going to a **store**. Shall I buy anything for you?

W moim mieście jest tylko jeden **sklep**.

There's only one **shop** in my town.

#107 RZECZ - THING

Włóż tę **rzecz** do plecaka.

Put this **thing** into your backpack.

#108 DRZWI - DOOR

Czy mógłbyś zamknąć **drzwi**?

Could you close the **door**, please?

Prosimy zamykać **drzwi**.

Please, close the **door**.

(**Note:** You can see this sentence on the door of a store, public institution, etc.)

#109 OKNO - WINDOW

Mógłbyś otworzyć **okno**? Jest tutaj naprawdę gorąco.

Could you open the **window**? It's really hot in here.

Zamknę **okno**, jeśli chcesz.

I'll close the **window** if you want me to.

#110 COŚ - SOMETHING

Muszę **coś** zjeść. Jestem głodny.

I need to eat **something**. I'm hungry.

Masz **coś** do picia?

Do you have **something** to drink?

#111 KTOŚ - SOMEBODY \ ANYBODY

Ktoś dał mi wczoraj tę ulotkę.

Somebody gave me this leaflet yesterday.

Czy **ktoś** rozumie co to znaczy?

Does **anyone** understand what it means?

#112 NIKT – NOBODY

Chcę coś zmienić, ale **nikt** mnie nie słucha.

I want to make a difference, but **nobody** listens to me.

Nikt nie chce pożyczyć mi pieniędzy.

Nobody wants to lend me some money.

(**Note:** In Polish, there is double negation. These sentences can be literally translated like "*I want to make a difference, but nobody doesn't want to listen to me*" and "*Nobody doesn't want to lend me some money.*")

#113 STÓŁ – TABLE

Połóż klucze na **stole**.

Put the keys on the **table**.

#114 KRZESŁO – CHAIR

Ile **krzeseł** potrzebujemy do naszego nowego salonu?

How many **chairs** do we need for our new living room?

Gdzie jest moja kurtka? – Na **krześle**.

Where's my jacket? – On the **chair**.

#115 KOMPUTER – COMPUTER

Mógłbyś pojechać ze mną do galerii dzisiaj? Muszę kupić nowy **komputer**.

Could you go to a shopping mall today? I need to buy a new **computer**.

Ten **komputer** nie działa.

This **computer** is out of order.

#116 LAPTOP – LAPTOP

Mój **laptop** jest bardzo szybki, i ma duży ekran.

My **laptop** is really fast, and it has a big screen.

Ona sprzedała **laptopa**.

She's sold the **laptop**.

#117 PRACA – WORK \ JOB

Możesz zadzwonić później? Jestem teraz **w pracy**.

Could you call me later? I'm **at work** right now.

Straciłem **pracę** w zeszłym tygodniu.

I lost my **job** last week.

#118 SZKOŁA – SCHOOL

Moja **szkoła** jest w centrum miasta.

My **school** is in the city center.

Nie mam **szkoły** w piątki.

I don't have **school** on Fridays.

#119 GAZETA – NEWSPAPER

Idę do kiosku. Chcesz **gazetę**?

I'm going to a newsagent's. Do you want a **newspaper**?

Skąd o tym wiesz? – Przeczytałam **w gazecie**.

How do you know that? – I read it **in a newspaper**.

#120 KSIĄŻKA – BOOK

Ostatnio przeczytałam świetną **książkę**.

I recently read a very nice **book**.

Chciałbym wypożyczyć **książkę**.

I'd like to borrow a **book**.

#121 DŁUGOPIS – PEN

Czy mogłabyś pożyczyć mi **długopis**?

Could you lend me a **pen**?

#122 PAPIER – PAPER

Potrzebuję więcej **papieru**, żeby to wydrukować.

I need more **paper** to print it.

#123 WODA – WATER

Czy mogę prosić o szklankę **wody**?

Can I have a glass of **water**?

Ile kosztuje **woda gazowana**?

How much is **sparkling water**?

#124 TORBA \ TOREBKA – BAG

Czy macie papierowe **torebki**?

Do you have paper **bags**?

#125 UBRANIA – CLOTHES

Nie wiem ile **ubrań** włożyć do walizki.

I don't know how many **clothes** to put into my suitcase.

#126 SZCZĘŚCIE – HAPPINESS

Pieniądze **szczęścia** nie dają. (Idiom)

Money doesn't bring you **happiness**.

#127 MIŁOŚĆ – LOVE

Miłość jest wokół nas. (Idiom)

Love is all around.

#128 ROŚLINA– PLANT

Czy mogłabyś podlać **roślinę**?

Could you water the **plant**, please?

#129 PIŁKA – BALL

Kupiłem świetną **piłkę**. Zobacz!

I bought a cool **ball**. Look!

#130 WAKACJE – VACATION

Gdzie zamierzasz pojechać na **wakacje** w tym roku?

Where are you going to go on **vacation** this year?

#131 JĘZYK – LANGUAGE

Polski to bardzo trudny **język**, ale się nie poddam.

Polish is a very difficult **language**, but I won't give up.

Ile **języków** znasz?

How many **languages** do you speak?

#132 PYTANIE – QUESTION

Przepraszam; mam **pytanie**.

Excuse me; I have a **question**.

#133 ODPOWIEDŹ – ANSWER

Potrzebuję szybkiej **odpowiedzi**. Tak czy nie?

I need a quick **answer**. Yes or no?

#134 SPOTKANIE – MEETING

Musimy odwołać **spotkanie**.

We need to cancel the **meeting**.

Spóźnię się na **spotkanie**.

I'll be late for the **meeting**.

#135 IMPREZA \ PRZYJĘCIE – PARTY

Przyjdziesz na **przyjęcie**?

Will you come to the **party**?

O której zaczyna się **impreza**?

What time does the **party** start?

#136 POCZĄTEK – BEGINNING

Możesz znaleźć **początek** tej nici?

Can you find the **beginning** of this thread?

Początek jest zawsze trudny.

The beginning is always hard.

#137 KONIEC – END

To już **koniec** mojej prezentacji. Dziękuję za uwagę.

That's the **end** of my presentation. Thank you for your attention.

#138 ŻYCIE – LIFE

Życie nie jest łatwe.

Life's not easy.

#139 PIENIĄDZE – MONEY

Czy mógłbyś pożyczyć mi **pieniądze**?

Could you lend me some **money**?

#140 BYĆ – TO BE

Jestem Paula.

I am Paula.

#141 MIEĆ – TO HAVE

Mam kota.

I have a cat.

#142 IŚĆ – TO GO

Idę do sklepu.

I'm going to the store.

#143 PRÓBOWAĆ – TO TRY

Próbowałem wiele razy.

I've tried many times.

#144 POMAGAĆ – TO HELP
Pomagam tacie.
I'm helping my dad.

#145 BAWIĆ SIĘ – TO PLAY
Lubię **bawić się** na dworze.
I like **playing** outside.

#146 SPACEROWAĆ – TO WALK
Lubisz **spacerować**?
Do you like **walking**?

#147 UCZYĆ SIĘ – TO LEARN
W szkole muszę **się uczyć**.
I have **to learn** at school.

#148 MIESZKAĆ – TO LIVE
Mieszkam w mieście.
I live in a city.

#149 PRACOWAĆ – TO WORK
Pracuję w dużej firmie.
I work in a big company.

#150 JEŚĆ – TO EAT
Chodźmy coś **zjeść!**
Let's go **eat** something!

#151 PIĆ – TO DRINK
Ona **wypiła** już kawę.
She has already drunk her coffee.

#152 PISAĆ – TO WRITE
Piszę e-mail.
I'm writing an e-mail.

#153 CZYTAĆ – TO READ
On czyta książkę.
He's reading a book.

#154 LICZYĆ – TO COUNT
Mogę na ciebie **liczyć**?
Can I **count** on you?

#155 RYSOWAĆ - TO DRAW

Uczę się **rysować**.

I'm learning how **to draw**.

#156 MALOWAĆ - TO PAINT

Oni **malują**.

They're painting.

#157 WIDZIEĆ - TO SEE

Nie **widzę** go.

I can't **see** him.

#158 WYGLĄDAĆ \ SPOGLĄDAĆ - TO LOOK

Dobrze **wyglą**dasz!

You look good!

#159 OGLĄDAĆ - TO WATCH

Oglądam telewizję.

I'm watching TV.

#160 SŁYSZEĆ - TO HEAR

Usłyszałem dziwny głos.

I've just **heard** a strange voice.

#161 SŁUCHAĆ - TO LISTEN

Słuchamy muzyki.

We're listening to music.

#162 SPAĆ - TO SLEEP

Idę **spać**.

I'm going **to sleep.**

#163 GOTOWAĆ - TO COOK

Umiesz **gotować**?

Can you **cook**?

#164 SPRZĄTAĆ - TO CLEAN

Muszę dzisiaj **sprzątać** mieszkanie.

I have **to clean** the flat today.

#165 PODRÓŻOWAĆ - TO TRAVEL

Podróżuję do Chin.

I'm traveling to China.

#166 JECHAĆ - TO DRIVE

Jadę do domu.

I'm driving home.

#167 LATAĆ - TO FLY

Chciałbyś **polecieć** do Londynu?

Would you like **to fly** to London?

#168 PŁYWAĆ - TO SWIM

Nie umiem **pływać**.

I can't **swim**.

#169 BIEGAĆ - TO RUN

Ona teraz **biega**.

She's running now.

#170 SIEDZIEĆ - TO SIT

Usiądźcie.

Sit down.

#171 ROZPOCZYNAĆ - TO BEGIN

Przedstawienie **rozpoczyna się** o 8:00.

The show **begins** at 8 AM.

#172 STAĆ - TO STAND

Stań tutaj.

Stand here.

#173 KŁAŚĆ - TO PUT

Gdzie mogę **położyć** tę paczkę?

Where can I **put** this parcel?

#174 WYCHODZIĆ - TO LEAVE

Właśnie **wychodziliśmy**.

We were just **leaving**.

#175 PRZYCHODZIĆ - TO COME

Przyjdź do mojego biura o 9:00.

Come to my office at 9 AM.

#176 ŚPIEWAĆ - TO SING

Nie umiem **śpiewać**.

I can't **sing**.

#177 TAŃCZYĆ – TO DANCE

Zatańczymy?

Shall we dance?

#178 PAMIĘTAĆ – TO REMEMBER

Pamiętaj o mnie.

Remember about me.

#179 ZAPOMINAĆ – TO FORGET

Zapomniałem o spotkaniu!

I've just forgotten about the meeting!

#180 WYBIERAĆ – TO CHOOSE

Wybierz jedną opcję.

Choose one option.

#181 ZAMYKAĆ – TO CLOSE

Zamknij drzwi, proszę.

Close the door, please.

#182 OTWIERAĆ – TO OPEN

Czy mógłbyś otworzyć okno?

Could you open the window?

#183 TWORZYĆ – TO CREATE

Stwórzmy własny projekt!

Let's create our project!

#184 BUDOWAĆ – TO BUILD

On buduje dom.

He's building a house.

#185 POKAZYWAĆ – TO SHOW

Pokażesz mi?

Can you show me?

#186 CZUĆ – TO FEEL

Czuję się dobrze.

I feel good.

#187 CZUĆ – TO SMELL

Czuję coś dziwnego.

I'm smelling something strange.

#188 PRÓBOWAĆ - TO TASTE

Spróbuj tej zupy.

Taste this soup.

#189 MYŚLEĆ - TO THINK

Myślę, że to dobry pomysł.

I think that it's a good idea.

#190 ROSNĄĆ - TO GROW

Dzieci rosną bardzo szybko.

Children grow very fast.

#191 MYĆ - TO WASH

Muszę umyć samochód.

I need to wash my car.

#192 WIERZYĆ - TO BELIEVE

Wierzę, że to się stanie.

I believe that it will happen.

#193 MÓWIĆ - TO SPEAK

Mów głośniej!

Speak up!

#194 POWIEDZIEĆ - TO SAY

Powiedz coś!

Say something!

#195 ROZMAWIAĆ - TO TALK

Możemy teraz porozmawiać?

Can we talk now?

#196 DAWAĆ - TO GIVE

Czy mógłbyś mi to dać?

Could you give me this?

#197 BRAĆ - TO TAKE

Muszę wziąć dzień wolny.

I have to take a day off.

#198 POŻYCZAĆ - TO BORROW

Pożyczysz mi swój samochód?

Will you borrow me your car?

#199 POŻYCZAĆ – TO LEND

Pożyczę ci mój samochód.

I will lend you my car.

#200 SKAKAĆ – TO JUMP

On **skacze** bardzo wysoko.

He's jumping very high.

#201 ODEJŚĆ – TO QUIT

Odchodzę!

I quit!

#202 UDERZYĆ – TO HIT

Mocno mnie **uderzyła**!

She hit me hard!

#203 STRZELAĆ – TO SHOOT

Strzelaj!

Shoot!

#204 KUPOWAĆ – TO BUY

Chcę **kupić** nowy samochód.

I want **to buy** a new car.

#205 SPRZEDAWAĆ – TO SELL

Muszę **sprzedać** dom.

I have **to sell** my house.

#206 WYMIENIAĆ – TO EXCHANGE

Czy mogę **wymienić** pieniądze?

Can I **exchange** my money?

#207 WYGRYWAĆ – TO WIN

Moja drużyna **wygrała** zawody!

My team **won** the competition!

#208 PRZEGRYWAĆ – TO LOSE

Moja drużyna **przegrała** zawody.

My team **lost** the competition.

#209 ROZUMIEĆ – TO UNDERSTAND

Rozumiesz?

Do you understand?

#210 UCZYĆ – TO TEACH

Uczę w szkole podstawowej.

I teach at primary school.

#211 ŁAPAĆ – TO CATCH

Łap piłkę!

Catch the ball!

#212 WIOSNA – SPRING

Wiosna to moja ulubiona pora roku.

Spring is my favorite season.

#213 LATO – SUMMER

Latem, zawsze wyjeżdżam nad morze.

During summer, I always go to the seaside.

#214 JESIEŃ – AUTUMN \ FALL

Jesienią, mam zawsze dużo do roboty.

During fall, I always have so much to do.

#215 ZIMA – WINTER

W moim kraju **zima** trwa pięć miesięcy.

In my country, **winter** lasts five months.

#216 DŁUGI – LONG

Ta drabina jest za **długa**. Musimy znaleźć inną.

This ladder is too **long**. We have to find another one.

#217 KRÓTKI – SHORT

Film był świetny ale za **krótki**, moim zdaniem.

The film was great but too **short**, in my opinion.

#218 NISKI – LOW

Temperatura jest za **niska**. Musimy to bardziej podgrzać.

The temperature is too **low**. We have to warm it up.

#219 WYSOKI – TALL

Mój chłopak jest bardzo **wysoki**.

My boyfriend is very **tall**.

#220 CHUDY – SKINNY \ THIN

Moja siostra jest bardzo **chuda**.

My sister is very **skinny**.

#221 GRUBY - FAT \ THICK

Jestem za **gruby**. Muszę schudnąć.

I'm too **fat**. I have to lose weight.

#222 CIEPŁY - WARM

Jestem głodna. Mamy coś **ciepłego** do zjedzenia.

I'm hungry? Do we have anything **warm** to eat?

#223 GORĄCY - HOT

W **gorące** dni, zawsze piję dużo wody.

On **hot** days, I always drink a lot of water.

#224 ZIMNY - COLD

W **zimne** dni, zawsze piję herbatę.

On **cold** days, I always drink tea.

#225 JASNY - LIGHT

W moim pokoju ściany są pomalowane na **jasny** kolor.

The walls are painted a **light** color in my room.

#226 CIEMNY - DARK

Uwielbiam jeść **ciemną** czekoladę.

I love eating **dark** chocolate.

#227 SZCZĘŚCLIWY - HAPPY

Jestem **szczęśliwy**.

I'm **happy**.

On musi być **najszczęśliwszym** człowiekiem na ziemi!

He must be **the happiest** man in the world!

#228 SMUTNY - SAD

Ona wygląda na **smutną**.

She looks **sad**.

#229 STARY - OLD

Mój samochód jest już bardzo **stary**. Chyba nie dam rady pojechać w góry.

My car is very **old**. I might not be able to go to the mountains.

#230 MŁODY - YOUNG

On jest za **młody** żeby pić alkohol.

He's too **young** to drink alcohol.

#231 NOWY - NEW

Ostatnio kupiłem **nowy** telefon.

I've bought a **new** mobile phone recently.

#232 ŚMIESZNY - FUNNY

On zawsze opowiada **śmieszne** żarty.

He always tells **funny** jokes.

#233 SILNY - STRONG

Jutro będzie **silny** wiatr. Lepiej schowaj rośliny do szopy!

Tomorrow there's going to be a **strong** wind. You'd better put these plants inside your shed!

#234 SŁABY - WEAK

Nie słyszę cię! Sygnał jest zbyt **słaby**.

I can't hear you! The signal is too **weak**.

#235 FAJNY - COOL

To miejsce jest naprawdę **fajne**.

This place is really **cool**.

#236 CIĘŻKI - HEAVY

Ten karton jest za **ciężki**. Czy możesz mi pomóc?

This box is too **heavy**. Can you help me?

#237 LEKKI - LIGHT

Wolę jeść **lekkie** posiłki.

I prefer eating **light** meals.

#238 PÓŹNY - LATE

Czasami oglądam telewizję **późnym** popołudniem.

I sometimes watch TV in the **late** afternoon.

#239 WCZESNY - EARLY

Wczesnym rankiem piję kawę, i jem owsiankę.

I drink coffee **early** in the morning, and eat oatmeal.

#240 DROGI - EXPENSIVE

Ten pierścionek jest za **drogi** dla mnie. Wezmę ten pierwszy.

This ring is too **expensive** for me. I'll take the first one.

#241 TANI - CHEAP

Tutaj jest bardzo **tanio**!

This place is very **cheap!**

#242 TWARDY - HARD

Diamenty są bardzo **twarde.**

Diamonds are very **hard.**

#243 MIĘKKI - SOFT

Jedwab jest bardzo **miękki.**

Silk is very **soft.**

#244 MĄDRY - SMART

Moja siostra chodzi na dodatkowe zajęcia. Jest bardzo **mądra.**

My sister attends extracurricular classes. She's very **smart.**

#245 GŁUPI - STUPID

To jest **głupi** pomysł.

It's a **stupid** idea.

#246 CIEKAWY - INTERESTING

Czytam bardzo **ciekawą** książkę.

I'm reading a really **interesting** book.

#247 NUDNY - BORING

Ten film jest **nudny.** Zamiast tego obejrzyjmy jakiś serial.

This movie is **boring.** Let's watch a series instead.

#248 BEZPIECZNY - SAFE

Jesteście tutaj **bezpieczni.** Nie musicie się bać.

You're **safe** here. You don't have to worry.

#249 NIEBEZPIECZNY - DANGEROUS

Nie pójdę tam sam. To miejsce jest **niebezpieczne.**

I won't go there alone. This place is **dangerous.**

#250 TRUDNY - DIFFICULT

Ten egzamin był naprawdę **trudny.** Obawiam się, ze go nie zdam.

This test was really **difficult.** I'm afraid I won't pass it.

#251 CIERPLIWY - PATIENT

Musisz być **cierpliwy.** W końcu ci się uda.

You have to be **patient.** You'll eventually make it.

#252 NIECIERPLIWY - IMPATIENT

On jest taki **niecierpliwy!**

He's being so **impatient**!

#253 GŁÓWNY – MAIN

To jest **główny** powód dla którego zostaję w domu.

This is the **main** reason why I'm staying at home.

#254 WAŻNY – IMPORTANT

Jutro mam **ważne** spotkanie w pracy.

Tomorrow I have an **important** meeting at work.

#255 NIEWAŻNY – UNIMPORTANT

Ten email jest **nieważny**.

This email is **unimportant**.

#256 PILNY – URGENT

Zrób to dziś po pracy. To jest bardzo **pilne**.

Do it today after work. It's very **urgent**.

#257 ZDROWY – HEALTHY

Staram się jeść **zdrowy** posiłek co najmniej raz dziennie.

I'm trying to have a **healthy** meal at least once a day.

#258 NIEZDROWY – UNHEALTHY

Powinieneś przestać jeść **niezdrowe** jedzenie.

You should stop eating **unhealthy** food.

#259 WOLNY – SLOW

Na pewno spóźnię się do pracy! Ten samochód jest zbyt **wolny**.

I will certainly be late for work. This car is too **slow**.

#260 SZYBKI – FAST

Piotr kupił **szybki** motocykl dwa dni temu.

Piotr bought a **fast** motorcycle two days ago.

#261 ZAJĘTY – BUSY

Nie mogę teraz rozmawiać. Jestem **zajęty**.

I can't talk right now. I'm **busy**.

#262 ZATŁOCZONY – CROWDED

To miejsce jest bardzo **zatłoczone**. Chodźmy gdzieś indziej.

This place is very **crowded**. Let's go somewhere else.

#263 PUSTY – EMPTY

Butelka jest **pusta**. Muszę kupić mleko.

The bottle is **empty**. I need to buy some milk.

#264 PEŁNY – FULL

Nie dam rady tego zjeść. Jestem **pełny**.

I won't be able to eat that. I'm **full**.

#265 ZIELONY – GREEN

Spójrz na ten **zielony** T-shirt. Wygląda świetnie.

Look at that **green** T-shirt. It looks cool.

#266 CZERWONY – RED

Moja siostra uwielbia kolor **czerwony**.

My sister loves **red**.

#267 ŻÓŁTY – YELLOW

Wczoraj kupiłam **żółte** sandały.

I bought **yellow** sandals yesterday.

#268 NIEBIESKI – BLUE

Dziś niebo jest **niebieskie**. Chodźmy na zewnątrz.

The sky is **blue** today. Let's go outside.

#269 CZARNY – BLACK

Podobają ci się **czarne** koty?

Do you like **black** cats?

#270 BIAŁY – WHITE

Ta czarna marynarka pasuje do **białej** bluzki.

This black jacket goes well with the **white** shirt.

#271 POMARAŃCZOWY – ORANGE

Ta żółta bluzka nie pasuje do **pomarańczowych** spodni.

This yellow shirt doesn't go well with these **orange** trousers.

#272 RÓŻOWY – PINK

Lubisz **różowy** kolor?

Do you like the **pink** color?

#273 FIOLETOWY – PURPLE

Fioletowy to mój ulubiony kolor.

Purple is my favorite color.

#274 BRĄZOWY – BROWN

Spójrz na te **brązowe** krzesła. Będą świetnie wyglądać w moim ogrodzie.

Look at these **brown** chairs. They will look very cool in my garden.

#275 SZARY – GRAY

Podoba ci się ten **szary** krawat?

Do you like this **gray** tie?

#276 ZŁOTY – GOLDEN \ GOLD

Kupiłem wczoraj **złoty** pierścionek. Zamierzam się oświadczyć.

I bought a **golden** ring yesterday. I'm going to get engaged.

#277 SREBRNY – SILVER

Co myślisz o tej **srebrnej** bransoletce?

What do you think about this **silver** bracelet?

#278 KOLOROWY – COLORFUL

Nie lubię **kolorowych** ubrań. Wolę czarne i białe ubrania.

I don't like **colorful** clothes. I prefer black and white clothes.

Chapter 4 – Weather

You have just gone through the most important and frequent words of the Polish language. Congratulations. Before you move on to more specific words, you need to summarize what you've learned. At first, you familiarized yourself with the Polish language by learning the alphabet, pronunciation, numbers, and some basic facts. Then, you learned some theoretical background that is necessary for you to acquire the vocabulary faster and more efficiently. Finally, you learned the essential words for colors, family members, basic verbs, and adjectives, as well as some frequently used conjunctions.

To sum up, you now know the structure of the Polish language and are aware of its complexity. Also, you have probably noticed that it is impossible to translate the sentences directly. Moreover, Polish words sometimes change their ending in the sentence since the cases, genders, and many other grammatical phenomena are a real thing.

Now you are about to learn specific words. Each chapter will revolve around a different topic. After each chapter, you will have a chance to revise your vocabulary.

#279 PROGNOZA POGODY - A WEATHER FORECAST

Oglądam właśnie **prognozę pogody.**

I'm watching the **weather forecast** right now.

#280 POGODA - WEATHER

Pogoda jest ładna. Wyjdę na spacer.

The weather is nice. I'll go for a walk.

#281 SŁOŃCE – SUN

Słońce świeci. Chodźmy na plażę.

The sun is shining. Let's go to the beach.

#282 TEMPERATURA – TEMPERATURE

Temperatura jutro ma być niska. Lepiej zabierzmy kurtki.

The temperature is going to be low tomorrow. We'd better take the jackets.

#283 SŁONECZNY – SUNNY

Jutro będzie **słoneczny** dzień.

Tomorrow there's going to be a **sunny** day.

#284 CHMURA – CLOUD

Spójrz na tamtą **chmurę**! Wygląda pięknie.

Look at that **cloud**. It looks beautiful.

#285 ZACHMURZENIE – OVERCAST

Jutro spodziewamy się **zachmurzenia** w całym kraju.

Tomorrow we expect **overcast** all over the country.

#286 DESZCZ – RAIN

Deszcz jest ważny dla roślin.

Rain is important for plants.

#287 PADAĆ – TO RAIN

Pada deszcz!

It's raining outside!

#288 PRZELOTNE OPADY – SHOWERS

Jutro mogą wystąpić **przelotne opady** w naszym kraju.

Tomorrow there might be **showers** in our country.

#289 ŚNIEG – SNOW

Uwielbiam **śnieg**!

I love the **snow**!

#290 OPADY DESZCZU – RAINFALL

Dziś w nocy będą silne **opady deszczu**.

There is going to be heavy **rainfall** tonight.

#291 OPADY ŚNIEGU – SNOWFALL

W poniedziałek będą silne **opady śniegu**.

There's going to be heavy **snowfall** on Monday.

#292 MGŁA - FOG

Nic nie widzę! Wszędzie jest **mgła**.

I can't see anything. There's **fog** everywhere.

#293 ŚLISKA NAWIERZCHNIA - SLIPPERY ROAD

Uważaj! **Nawierzchnia** jest bardzo **śliska**.

Watch out! The **road** is very **slippery**.

#294 WILGOTNOŚĆ POWIETRZA - AIR HUMIDITY

Wilgotność powietrza w naszym kraju wyniesie dziś 50 procent.

Air humidity in our country is going to be 50 percent today.

#295 CIŚNIENIE - PRESSURE

Potrzebujemy więcej **ciśnienia**!

We need more **pressure**!

#296 BURZA - A STORM

Uważaj na siebie. Po południu zapowiadają **burzę**.

Be careful. There's going to be a **storm** in the afternoon.

#297 BŁYSKAWICA - LIGHTNING

Widziałeś tę **błyskawicę**?

Did you see that **lightning**?

#298 WIATR - WIND

Wiatr jest bardzo silny. Wracajmy do domu.

The wind is very strong. Let's go back home.

#299 PRĘDKOŚĆ WIATRU - WIND SPEED

Jutro **prędkość wiatru** wyniesie 80 kilometrów na godzinę.

The **Wind speed** is going to hit 80 kilometers per hour tomorrow.

#300 HURAGAN - HURRICANE

W Stanach Zjednoczonych jest teraz **huragan**.

There is a **hurricane** in the United States right now.

#301 TORNADO - TORNADO

Widzisz to? To jest **tornado**!

Can you see that? It's a **tornado**!

#302 POWÓDŹ - FLOOD

W zeszłym roku była **powódź** w moim kraju.

Last year there was a **flood** in my country.

#303 SUSZA – DROUGHT

Latem będzie **susza**.

There's going to be a **drought** this summer.

A short quiz: Provide the Polish equivalents of the following words

A WEATHER FORECAST

WEATHER

SUN

TEMPERATURE

SUNNY

A CLOUD

OVERCAST

RAIN

TO RAIN

SHOWERS

SNOW

RAINFALL

SNOWFALL

FOG

A SLIPPERY ROAD

AIR HUMIDITY

PRESSURE

A STORM

A LIGHTNING

WIND

WIND SPEED

A HURRICANE

A TORNADO

FLOOD

DROUGHT

Chapter 5 – Family and Relationships

#304 CZŁONKOWIE RODZINY – FAMILY MEMBERS

Utrzymuję kontakt z dalekimi **członkami mojej rodziny.**

I've been in contact with my distant **family members.**

#305 RODZICE – PARENTS

Mieszkam z **rodzicami.**

I live with my **parents.**

#306 RODZEŃSTWO – SIBLINGS

Moje **rodzeństwo** mieszka w Australii.

My **siblings** live in Australia.

#307 OJCZYM – STEPFATHER

Mój **ojczym** jest prawnikiem.

My **stepfather** is a lawyer.

#308 MACOCHA – STEPMOTHER

Moja **macocha** mnie nie lubi.

My **stepmother** doesn't like me.

#309 BRAT PRZYRODNI – STEPBROTHER

Mój **brat przyrodni** mieszka w Niemczech.

My **stepbrother** lives in Germany.

#310 SIOSTRA PRZYBRANA – STEPSISTER

Jutro zamierzam odwiedzić moją **przybraną siostrę.**

Tomorrow I'm going to visit my **stepsister.**

#311 WNUK – GRANDSON

Nie widziałam mojego **wnuka** od roku.

I haven't seen my **grandson** for a year.

#312 WNUCZKA – GRANDDAUGHTER

Jego **wnuczka** studiuje w Paryżu.

His **granddaughter** studies in Paris.

#313 CIOCIA – AUNT

Twoja **ciocia** mieszka na wsi.

Your **aunt** lives in the countryside.

#314 WUJEK– UNCLE

Jej **wujek** jest prezydentem.

Her **uncle** is the president.

#315 BRATANEK / SIOSTRZENIEC – NEPHEW

Mój **bratanek** kończy jutro 15 lat.

My **nephew** is turning 15 tomorrow.

#316 BRATANICA / SIOSTRZENICA – NIECE

Moja **siostrzenica** ma jutro urodziny. Muszę kupić jej prezent.

My **niece** is having a birthday tomorrow. I have to buy her a present.

#317 KUZYN / KUZYNKA – COUSIN

Moja **kuzynka** mieszka obok mnie.

My **cousin** lives next to me.

#318 TEŚĆ – FATHER-IN-LAW

Mój **teść** jest na emeryturze.

My **father-in-law** is retired.

#319 TEŚCIOWA – MOTHER-IN-LAW

Jego **teściowa** świetnie gotuje. Kiedyś była szefem kuchni w restauracji.

His **mother-in-law** cooks very well. She used to be a chef in a restaurant.

#320 SZWAGIER – BROTHER-IN-LAW

Mój **szwagier** prowadzi firmę informatyczną.

My **brother-in-law** runs an IT company.

#321 SZWAGIERKA – SISTER-IN-LAW

Jutro jedziemy odwiedzić twoją **szwagierkę**.

Tomorrow we're going to visit your **sister-in-law.**

#322 POKREWIEŃSTWO / RELACJA – RELATIONSHIP

Jaka **relacja** łączy cię z nim?

What's the **relationship** between you and him?

#323 W ZWIĄZKU – IN A RELATIONSHIP

Jestem **w związku**.

I'm **in a relationship.**

#324 WYŚJĆ ZA KOGOŚ – TO MARRY SOMEBODY

Wychodzę za niego w maju.

I'm marrying him in May.

#325 ŻONATY (MASCULINE) – ZAMĘŻNA (FEMININE) – MARRIED

Jestem **żonaty**.

I'm **married.**

Ona jest **zamężna**.

She's **married.**

#326 WZIĄĆ ŚLUB – TO GET MARRIED

Zamierzamy **wziąć ślub** za dwa lata.

We're going **to get married** in two years.

#327 ŚLUB – WEDDING

Przyjdziesz na nasz **ślub**?

Will you come to our **wedding**?

#328 MAŁŻONKOWIE / MAŁŻEŃSTWO – MARRIED COUPLE

Oni są **małżeństwem** od 2003 roku.

They've been **a married couple** since 2003.

#329 MĄŻ – HUSBAND

To jest mój **mąż**, Robert.

This is my **husband**, Robert.

#330 ŻONA – WIFE

To jest moja **żona**, Anna.

This is my **wife,** Anna.

#331 PAN MŁODY – GROOM

Pan młody zorganizował wieczór kawalerski dla swoich kumpli.

The groom organized a bachelor's party for his friends.

#332 PANNA MŁODA – BRIDE

Panna młoda zamierza ubrać beżową suknię na ślub.

The bride is going to wear a beige dress for the wedding ceremony.

#333 ZARĘCZYĆ SIĘ – TO GET ENGAGED

Moja przyjaciółka **zaręczyła się** wczoraj w Grecji.

My friend **got engaged** in Greece yesterday.

#334 OŚWIADCZYĆ SIĘ KOMUŚ – TO PROPOSE TO SOMEBODY

Mój narzeczony **oświadczył mi się** tydzień temu.

My fiancée **proposed to me** last week.

#335 ZARĘCZYNY – AN ENGAGEMENT

Ona zerwała **zaręczyny.**

She broke off the **engagement.**

#336 CHŁOPAK – BOYFRIEND

Mój **chłopak** mieszka za granicą. Często rozmawiamy przez Skype.

My **boyfriend** lives abroad. We often talk through Skype.

#337 DZIEWCZYNA – GIRLFRIEND

Jego **dziewczyna** miała wypadek samochodowy w zeszłym miesiącu.

His **girlfriend** had a car accident last month.

#338 CHODZIĆ Z KIMŚ – TO GO OUT WITH SOMEBODY

Chodzimy ze sobą od roku.

We've **been going out with each other** for a year.

#339 RANDKA – A DATE

Mam **randkę** dziś wieczorem.

I'm having **a date** tonight.

#340 RANDKOWAĆ – TO DATE

Randkujemy ze sobą od kilku dni.

We've **been dating** each other for a couple of days.

#341 ZERWAĆ Z KIMŚ – TO BREAK UP WITH SOMEBODY

Zerwałem z nią wczoraj.

I broke up with her yesterday.

#342 ROZWIEŚĆ SIĘ – TO GET DIVORCED / TO GET A DIVORCE

Zamierzamy się rozwieść.

We're going to get a divorce.

#343 ROZWIEDZIONY / ROZWIEDZIONA – DIVORCED

Ona jest rozwiedziona.

She's divorced.

On jest rozwiedziony.

He's divorced.

#344 W STANIE WOLNYM / SINGIEL (M.) / SINGIELKA (F.) – SINGLE

Jesteś singielką?

Are you single?

Jesteś singlem?

Are you single?

#345 BEZDZIETNY / BEZDZIETNA – CHILDLESS

Moja nauczycielka jest bezdzietna.

My teacher is childless.

#346 MIEĆ DZIECI – TO HAVE CHILDREN

Masz dzieci?

Do you have children?

#347 W CIĄŻY – PREGNANT

Jestem w ciąży.

I'm pregnant.

A short quiz: Provide the Polish equivalents of the following words

FAMILY MEMBERS

PARENTS

SIBLINGS

STEPFATHER

STEPMOTHER
STEPBROTHER
STEPSISTER
GRANDSON
GRANDDAUGHTER
AUNT
UNCLE
NEPHEW
NIECE
COUSIN
FATHER-IN-LAW
MOTHER-IN-LAW
BROTHER-IN-LAW
SISTER-IN-LAW
RELATIONSHIP
IN A RELATIONSHIP
TO MARRY SOMEBODY
MARRIED
TO GET MARRIED
A MARRIED COUPLE
HUSBAND
WIFE
GROOM
BRIDE
TO GET ENGAGED
TO PROPOSE TO SOMEBODY
ENGAGEMENT
BOYFRIEND
GIRLFRIEND
TO GO OUT WITH SOMEBODY
DATE
TO DATE
TO BREAK UP WITH SOMEBODY
TO GET DIVORCED / TO GET A DIVORCE

DIVORCED
SINGLE
CHILDLESS
TO HAVE CHILDREN
PREGNANT

Chapter 6 – Clothes

#348 BLUZKA Z KRÓTKIM RĘKAWEM / T-SHIRT – T-SHIRT

Ten **T-shirt** jest za mały na mnie. Macie większe rozmiary?

This **T-shirt** is too small for me. Do you have bigger sizes?

#349 KOSZULA – SHIRT

Czy uważasz, że ta **koszula** dobrze wygląda na mnie?

Do you think that this **shirt** looks good on me?

#350 BLUZA – BLOUSE

Spójrz na tę **bluzę**. Czy nie jest słodka?

Look at this **blouse**! Isn't it cute?

#351 SWETER – SWEATER

Załóż **sweter**. Na zewnątrz jest zimno.

Put on a **sweater**. It's cold outside.

#352 BLUZA – SWEATSHIRT

Wczoraj kupiłam dwie **bluzy** w sklepie sportowym.

Yesterday I bought two **sweatshirts** in a sports shop.

#353 PODKOSZULEK – UNDERSHIRT

Chyba powinieneś założyć **podkoszulek**.

You should probably put on an **undershirt**.

#354 KURTKA / MARYNARKA / ŻAKIET – JACKET

Ta **kurtka** jest za duża. Macie mniejsze rozmiary?

This **jacket** is too big. Do you have smaller sizes?

#355 PŁASZCZ - COAT

Ten **płaszcz** wygląda świetnie. Kupię go.

This **coat** looks very cool. I'll buy it.

#356 KAMIZELKA - WAISTCOAT

Ile kosztuje ta **kamizelka**?

How much is this **waistcoat**?

#357 GARNITUR - SUIT

To jest formalne spotkanie. Powinieneś założyć **garnitur**.

It's a formal meeting. You should put on a **suit**.

#358 SPODNIE - TROUSERS

The **spodnie** są za drogie. Wezmę inne.

These **trousers** are too expensive. I'll take a different pair.

#359 DŻINSY / JEANSY - JEANS

Lubisz nosić **dżinsy**?

Do you like wearing **jeans**?

#360 SPÓDNICZKA - SKIRT

Ta **spódniczka** jest za długa.

This **skirt** is too long.

#361 SUKIENKA - DRESS

Co myślisz o tej **sukience**? Powinnam ją kupić?

What do you think about this **dress**? Should I buy it?

#362 MAJTKI - PANTS

Muszę kupić kilka par **majtek**.

I need to buy several pairs of **pants**.

#363 STANIK / BIUSTONOSZ - BRA

Lubisz nosić **stanik**?

Do you like wearing a **bra**?

#364 SKARPETKI - SOCKS

Skończyły mi się **skarpetki**.

I've run out of **socks**.

#365 RAJSTOPY - TIGHTS

Załóż **rajstopy**.

Put on **tights**.

#366 SZAL – SCARF

Spójrz na ten **szal**. Wygląda okropnie.

Look at this **scarf**. It looks terrible.

#367 RĘKAWICZKI – GLOVES

Zapomniałam zabrać **rękawiczek**!

I forgot to take the **gloves**.

#368 CZAPKA ZIMOWA – WINTER HAT

Załóż **czapkę zimową**. Na dworze jest mróz.

Put on a **winter hat**. It's freezing outside.

#369 KURTKA ZIMOWA – WINTER JACKET

Za tydzień jadę na narty. Muszę kupić **zimową kurtkę**.

I'm going skiing next week. I need to buy a **winter jacket**.

#370 SZORTY / KRÓTKIE SPODNIE – SHORTS

Musimy zabrać co najmniej trzy pary **krótkich spodni**.

We have to take at least three **pairs of shorts**.

#371 STRÓJ KĄPIELOWY – SWIMSUIT

Zabierz **strój kąpielowy**, ponieważ pójdziemy na basen.

Take your **swimsuit** because we are going to go swimming.

#372 KAPELUSZ PRZECIWSŁONECZNY – SUN HAT

Musicie zabrać **kapelusz przeciwsłoneczny** na plażę.

You have to take your **sun hat** to the beach.

#373 TRAMPKI / ADIDASY – GYM SHOES / SNEAKERS

Idę na siłownę. Podasz mi **adidasy**?

I'm going to the gym. Can you pass me my **gym shoes**?

#374 SANDAŁY – SANDALS

Spakowałam już dwie pary **sandałów**.

I've already packed two pairs of **sandals**.

#375 BUTY NA OBCASIE – HIGH HEELS

Nie umiem chodzić w **butach na obcasach**.

I can't walk in **high heels**.

#376 PÓŁBUTY – CASUAL SHOES

Półbuty będą najlepszą opcją na tę wycieczkę.

Casual shoes will be the best option for the trip.

#377 KAPCIE – SLIPPERS

W polskich domach goście powinni nosić **kapcie**.

In Polish houses, guests should wear **slippers**.

#378 KLAPKI / JAPONKI – FLIP-FLOPS

Zabrałeś **japonki**?

Did you take your **flip-flops**?

#379 BALERINKI / PŁASKIE BUTY – FLAT SHOES

Nie lubię butów na obcasach. Zamiast tego wolę **płaskie buty**.

I don't like high-heels. I prefer **flat shoes** instead.

#380 OKULARY – GLASSES

Widziałeś moje **okulary**? Nie mogę ich znaleźć.

Have you seen my **glasses**? I can't find them anywhere.

#381 OKULARY PRZECIWSŁONECZNE – SUNGLASSES

Powinieneś założyć **okulary przeciwsłoneczne**.

You should be wearing **sunglasses** now.

#382 TOREBKA – BAG

Czy mogłabyś przynieść mi moją **torebkę**? Jest w sypialni.

Could you bring me my **bag**? It's in the bedroom.

#383 TORBA NA ZAKUPY – SHOPPING BAG

Czy chciałaby Pani **torbę na zakupy**?

Would you like a **shopping bag**?

#384 CZAPKA Z DASZKIEM – CAP

Mój brat nosi **czapkę z daszkiem**.

My brother wears a **cap**.

#385 KAPELUSZ – HAT

Kapelusze będą bardzo modne tego lata.

Hats will be trendy this summer.

#386 PASEK – BELT

Te spodnie są za duże. Muszę założyć **pasek**.

These trousers are too big. I need a **belt**.

#387 ZEGAREK – WATCH

Mój znajomy z pracy kupił **zegarek** za 5000 zł!

My colleague bought a **watch** worth 5000 zł!

#388 **KRAWAT – TIE**

Czy ten **krawat** pasuje do tej koszuli?

Does this **tie** go well with that shirt?

#389 **PORTFEL – WALLET**

Nie zapomnij zabrać **portfela**. Po filmie idziemy na zakupy.

Don't forget to take your **wallet**. We're going shopping after the movie.

#390 **PLECAK – BACKPACK**

Włóż to do **plecaka**. Będziemy tego potrzebować.

Put this into your **backpack**. We'll need it.

#391 **TORBA NA LAPTOPA – LAPTOP BAG**

Wczoraj kupiłem laptopa, i potrzebuję **torby na laptopa**.

I bought a laptop yesterday, and now I need **a laptop bag**.

#392 **KOLCZYKI – EARRINGS**

Ile kosztują te perłowe **kolczyki**?

How much do these pearl **earrings** cost?

#393 **NASZYNIK – NECKLACE**

Ten **naszyjnik** wygląda pięknie!

This **necklace** looks beautiful!

#394 **BRANSOLETKA – BRACELET**

Z czego jest zrobiona ta **bransoletka**?

What is this **bracelet** made of?

#395 **WISIOREK – PENDANT**

Czy ten **wisiorek** jest na sprzedaż?

Is this **pendant** for sale?

#396 **SKÓRZANY – LEATHER**

Czy macie **skórzane** spodnie?

Do you sell **leather** trousers?

#397 **DŻINSOWY – DENIM**

Ile kosztuje ta **dżinsowa** kurtka?

How much is that **denim** jacket?

#398 **WEŁNIANY – WOOLEN**

Uwielbiam **wełniane** swetry.

I love **woolen** sweaters.

#399 BAWEŁNIANY – COTTON

Nie używam plastikowych torebek. Używam tylko **bawełnianych** toreb na zakupy.

I don't use plastic bags. I use **cotton** shopping bags only.

#400 PRZYMIERZALNIA – FITTING ROOM

Przeprasza, gdzie jest **przymierzalnia**?

Excuse me, where is the **fitting room**?

#401 PRZYMIERZAĆ COŚ – TO TRY SOMETHING ON

Czy mogę to **przymierzyć**?

Can I **try this on**?

#402 WIESZAK NA UBRANIA – CLOTHING RACK

Czy sprzedajecie **wieszaki na ubrania**?

Do you sell **clothing racks**?

#403 OKAZJA – BARGAIN

Tutaj mogę kupić dwie sztuki i zapłacić tylko za jedną! To czysta **okazja**!

Here I can buy two pieces and pay only for one! It's a pure **bargain**!

#404 KARTA PODARUNKOWA / KARTA UPOMINKOWA – GIFT CARD

Czy posiada Pani **kartę podarunkową**?

Do you have a **gift card**?

#405 REKLAMACJA – CONSUMER COMPLAINT

Dzień dobry. Chciałbym złożyć **reklamację**.

Good morning. I'd like to file a **consumer complaint**.

#406 ZWROT – RETURN

Ile czasu mam na **zwrot**?

How much time do I have for **return**?

#407 ZWROT PIENIĘDZY – REFUND

Czy mogę dostać **zwrot pieniędzy**?

Can I get a **refund**?

#408 ROZMIAR – SIZE

Jaki **rozmiar** Pan potrzebuje?

Which **size** do you need?

A short quiz: Provide the Polish equivalents of the following words

T-SHIRT

SHIRT

BLOUSE

SWEATER

SWEATSHIRT

UNDERSHIRT

JACKET

COAT

WAISTCOAT

SUIT

TROUSERS

JEANS

SKIRT

DRESS

PANTS

BRA

SOCKS

TIGHTS

SCARF

GLOVES

WINTER HAT

WINTER JACKET

SHORTS

SWIMSUIT

SUN HAT

GYM SHOES / SNEAKERS

SANDALS

HIGH HEELS

CASUAL SHOES

SLIPPERS

FLIP-FLOPS
FLAT SHOES
GLASSES
SUNGLASSES
BAG
SHOPPING BAG
CAP
HAT
BELT
WATCH
TIE
WALLET
BACKPACK
LAPTOP BAG
EARRINGS
NECKLACE
BRACELET
PENDANT
LEATHER
DENIM
WOOLEN
COTTON
FITTING ROOM
TO TRY SOMETHING ON
CLOTHING RACK
BARGAIN
GIFT CARD
CONSUMER COMPLAINT
RETURN
REFUND
SIZE

Chapter 7 – Food and Drink

#409 PIEKARNIA – BAKERY

Idę do **piekarni** kupić trochę pieczywa.

I'm going to the **bakery** to buy some bread.

#410 MIĘSO – MEAT

Nie jem **mięsa**. Jestem wegetarianinem.

I don't eat **meat**. I'm a vegetarian.

#411 PRODUKTY MLECZNE – DAIRY PRODUCTS

Moja znajoma z pracy nie je **produktów mlecznych**. Jest weganką.

My colleague doesn't eat **dairy products**. She's vegan.

#412 OWOCE – FRUITS

Uwielbiam jeść świeże **owoce**.

I love eating fresh **fruit**.

#413 WARZYWA – VEGETABLES

Powinniśmy jeść dużo **warzyw** aby być zdrowym.

We should eat a lot of **vegetables** to stay healthy.

#414 JAJKA – EGGS

Lubisz jeść **jajka**?

Do you like eating **eggs**?

#415 SŁODYCZE – SWEETS / CANDY

Unikam **słodyczy**. Chcę schudnąć.

I avoid **sweets**. I want to lose weight.

#416 NAPOJE – BEVERAGES

Czy macie jakieś zimne **napoje**?

Do you have any cold **beverages**?

#417 ALKOHOL – ALCOHOL

Ona nie może pić **alkoholu**, ponieważ ma 16 lat!

She can't drink **alcohol** because she's 16!

#418 KARMA DLA PSA – DOG FOOD

Nie mamy już **karmy dla psa**.

There's no **dog food** left!

#419 PRZYPRAWY – SPICES

Jakie są twoje ulubione **przyprawy**?

What are your favorite **spices**?

#420 MROŻONKI – FROZEN FOOD

Zimą jem **mrożonki**.

I eat **frozen food** in the winter.

#421 DANIA GOTOWE – CONVENIENCE FOOD / READY MEALS

Moja mama często kupuje **gotowe posiłki** ponieważ nie mamy czasu na gotowanie.

My mom often buys **ready meals** because we don't have much time for cooking.

#422 LODY – ICE CREAM

Uwielbiam **lody**!

I love **ice cream**!

#423 MLEKO – MILK

Mamy dużo butelek **mleka** w domu. Nasza rodzina lubi jeść płatki śniadaniowe.

We have many bottles of **milk** at home. Our family likes eating cereal.

#424 ŚMIETANA – CREAM

Potrzebuję **śmietany**, żeby zrobić to danie.

I need some **cream** to make this dish.

#425 SER ŻÓŁTY – CHEESE

Mógłbyś kupić **ser żółty**? Jutro zamierzam zrobić pizzę.

Could you buy some **cheese**? Tomorrow I'm going to make a pizza.

#426 JOGURT – YOGURT

Nie lubię jeść **jogurtu**.

I don't like eating **yogurt**.

#427 MASŁO – BUTTER

Czy mamy w domu **masło**?

Is there any **butter** left at home?

#428 CHLEB – BREAD

Idę kupić świeże **pieczywo**.

I'm going to buy some fresh **bread**.

#429 ZIEMNIAK – POTATO

Potrzebujemy **ziemniaki**, żeby zrobić frytki w domu.

We need **potatoes** to make French fries at home.

#430 POMIDOR – TOMATO

Kup kilka **pomidorów** w sklepie spożywczym.

Buy some **tomatoes** at the grocery store.

#431 OGÓREK – CUCUMBER

Moja koleżanka nie znosi smaku **ogórków**.

My friend can't stand the taste of **cucumber**.

#432 PAPRYKA CZERWONA – RED PEPPER

Potrzebujemy **papryki czerwonej** do tego przepisu.

We need some **red pepper** for this recipe.

#433 CEBULA – ONION

Lubisz **cebulę**?

Do you like **onion**?

#434 KAPUSTA – CABBAGE

Nie lubię **kapusty**.

I don't like **cabbage**.

#435 SAŁATA – LETTUCE

Chcesz kanapkę z **sałatą** i pomidorem?

Would you like a sandwich with **lettuce** and tomato?

#436 MARCHEWKA – CARROT

Mamy własne **marchewki** w naszym ogrodzie.

We have our **carrots** in our garden.

#437 BROKUŁ – BROCCOLI

Nie cierpię **brokułów!**

I can't stand **broccoli!**

#438 KALAFIOR – CAULIFLOWER

Co robisz? – Gotuję **kalafior.**

What are you doing? – I'm cooking some **cauliflower.**

#439 PIETRUSZKA – PARSLEY

Pokrój tę **pietruszkę.**

Chop up the **parsley.**

#440 BANAN – BANANA

Idę do sklepu kupić **banany.**

I'm going to the store to get some **bananas.**

#441 JABŁKO – APPLE

Potrzebujemy **jabłek,** żeby zrobić szarlotkę.

We need **apples** to make an apple pie.

#442 POMARAŃCZA – ORANGE

Pomarańcze nie rosną w naszym kraju.

Oranges don't grow in our country.

#443 GREJFRUT – GRAPEFRUIT

Nie lubię **grejpfrutów.** Są gorzkie.

I don't like **grapefruits.** They're bitter.

#444 CYTRYNA – LEMON

Chcesz **cytrynę** do herbaty?

Would you like some **lemon** in your tea?

#445 GRUSZKA – PEAR

Gruszki smakują bardzo dobrze!

Pears taste very good!

#446 BRZOSKWINIA – PEACH

Moja koleżanka uwielbia **brzoskwinie.**

My friend loves **peaches.**

#447 KOKOS - COCONUT

Kokosy rosną tylko w ciepłych krajach.

Coconuts grow only in tropical countries.

#448 ANANAS - PINEAPPLE

Bardzo lubię **ananasa** z puszki.

I really like canned **pineapple**.

#449 ŚLIWKA - PLUM

W Polsce **śliwki** są bardzo popularne.

In Poland, **plums** are very popular.

#450 KIEŁBASA - SAUSAGE

To jest najsmaczniejsza **kiełbasa** na świecie!

This is the tastiest **sausage** in the world!

#451 BEKON - BACON

Śniadanie bez **bekonu** to nie śniadanie.

Breakfast without **bacon** is not a breakfast.

#452 KURCZAK - CHICKEN

Chciałbym zamówić **kurczaka**.

I'd like to order some **chicken**.

#453 DRÓB - POULTRY

W Polsce **drób** jest popularny.

Poultry is popular in Poland.

#454 WOŁOWINA - BEEF

Nie jem **wołowiny**. Słyszałam że jest niezdrowa.

I don't eat **beef**. I've heard that it's unhealthy.

#455 WIEPRZOWINA - PORK

W niektórych krajach **wieprzowina** jest zabroniona.

In some countries, **pork** is forbidden.

#456 CZEKOLADA - CHOCOLATE

Jaki rodzaj **czekolady** lubisz najbardziej?

Which type of **chocolate** do you like the most?

#457 CIASTKA - COOKIES / BISCUITS

Mamy jakieś **ciastka** w domu?

Do we have any **cookies** at home?

#458 BATONIK – CHOCOLATE BAR

Umieram z głodu. Dziś w pracy zjadłam tylko **batonika**.

I'm starving. I've eaten only **a chocolate bar** at work.

#459 DESER – DESSERT

Czas na **deser**!

It's time for **dessert**!

#460 PŁATKI ŚNIADANIOWE – CEREAL

Uwielbiam jeść **płatki śniadaniowe**.

I love eating **cereal**.

#461 WODA MINERALNA – MINERAL WATER

Czy mogę prosić szklankę **wody mineralnej**?

Can I have a glass of **mineral water**, please?

#462 WODA GAZOWANA – SPARKLING WATER

Woda gazowana dla Pana.

Sparkling water for you, sir.

#463 COLA – COLA

Chciałbym zamówić dużą **colę**.

I'd like to order a large **cola**.

#464 NAPOJE GAZOWANE – FIZZY DRINKS

Unikam **gazowanych napojów**, ponieważ mają dużo kalorii.

I avoid **fizzy drinks** because they have so many calories.

#465 SOK – JUICE

Jaki **sok** chciałaby Pani zamówić?

Which **juice** would you like to order?

#466 KAWA – COFFEE

Biała czy czarna **kawa**?

White or black **coffee**?

#467 KAWA CZARNA – BLACK COFFEE

Chciałbym zamówić **czarną kawę**.

I'd like to order a **black coffee**.

#468 KAWA Z MLEKIEM – WHITE COFFEE

Chciałąbym zamówić **kawę z mlekiem**.

I'd like to order a **white coffee**.

#469 HERBATA – TEA

Chciałbym zamówić **herbatę**.

I'd like to order a cup of **tea**.

#470 GORĄCA CZEKOLADA – HOT CHOCOLATE

Gorąca czekolada dla mnie.

Hot chocolate for me.

#4701 PIWO – BEER

Zostało jakieś **piwo** w lodówce?

Is there any **beer** left in the fridge?

#472 WÓDKA – VODKA

Pijesz **wódkę**?

Do you drink **vodka**?

#473 CZERWONE WINO – RED WINE

Chciałabym zamówić dwa kieliszki **czerwonego wina**.

I'd like to order two glasses of **red wine**.

A short quiz: Provide the Polish equivalents of the following words

BAKERY

MEAT

DAIRY PRODUCTS

FRUITS

VEGETABLES

EGGS

SWEETS / CANDY

BEVERAGES

ALCOHOL

DOG FOOD

SPICES

FROZEN FOOD

CONVENIENCE FOOD / READY MEALS

ICE CREAM

MILK

CREAM

CHEESE

YOGURT

BUTTER
BREAD
POTATO
TOMATO
CUCUMBER
RED PEPPER
ONION
CABBAGE
LETTUCE
CARROT
BROCCOLI
CAULIFLOWER
PARSLEY
BANANA
APPLE
ORANGE
GRAPEFRUIT
LEMON
PEAR
PEACH
COCONUT
PINEAPPLE
PLUM
SAUSAGE
BACON
CHICKEN
POULTRY
BEEF
PORK
CHOCOLATE
COOKIES / BISCUITS
CHOCOLATE BAR
DESSERT
ICE CREAM

MINERAL WATER
SPARKLING WATER
COLA
FIZZY DRINKS
JUICE
COFFEE
BLACK COFFEE
WHITE COFFEE
TEA
HOT CHOCOLATE
BEER
VODKA
RED WINE

Chapter 8 – Body and Health

#474 GŁOWA - HEAD

Boli mnie **głowa**.

My **head** hurts.

#475 TWARZ - FACE

Ma piękną **twarz**. Mogłaby być modelką.

She has a beautiful **face**. She could be a model.

#476 WŁOSY - HAIR

Idę do fryzjera skrócić **włosy**.

I'm going to a hairdresser to have my **hair** shortened.

#477 USZY - EARS

Mój brat ma duże **uszy**.

My brother has big **ears**.

#478 OCZY - EYES

Jakiego koloru są twoje **oczy**?

What color are your **eyes**?

#479 NOS - NOSE

Mój kolega złamał **nos** wczoraj.

My friend broke his **nose** yesterday.

#480 USTA - MOUTH

Zamknij **usta**! Muszę się teraz skupić!

Shut your **mouth**! I need to focus right now.

#481 JĘZYK - TONGUE

Ona chce przekłuć sobie **język**.

She wants to have her **tongue** pierced.

#482 ZĘBY – TEETH (ZĄB – TOOTH)

Umyj **zęby**.

Brush your **teeth**.

#483 SZYJA – NECK

Powinieneś założyć szal na **szyję**.

You should put a scarf over your **neck**.

#484 GARDŁO – THROAT

Boli mnie **gardło**.

My **throat** hurts.

#485 KLATKA PIERSIOWA – CHEST

Odczuwam silny ból w **klatce piersiowej**.

I feel strong pain in my **chest**.

#486 PLECY – BACK

Ona stoi za twoimi **plecami**.

She's standing behind your **back**.

#487 DŁOŃ – HAND

Powinieneś częściej myć **dłonie**.

You should wash your **hands** more often.

#488 RĘKA – ARM

Złamałem **rękę**.

I've broken my **arm**.

#489 PALCE – FINGERS (PALEC – FINGER)

Podczas gry na gitarze, mogą cię boleć **palce**.

When you play the guitar, your **fingers** may hurt.

#490 BRZUCH – STOMACH

Boli mnie **brzuch**.

My **stomach** hurts.

#491 POŚLADKI – BOTTOM

Bolą mnie **pośladki**.

My **bottom** hurts.

#492 NOGI – LEGS (NOGA – LEG)

Złamałem **nogę**.

I've broken my **leg**.

#493 STOPY - FEET (STOPA - FOOT)

Spróbuj stanąć na jednej **nodze**.

Try to stand on one **foot**.

#494 PALCE U NÓG - TOES (PALEC U NOGI - TOE)

Ile **palców u nóg** ma człowiek?

How many **toes** does a human have?

#495 KOLANA - KNEES (KOLANO - KNEE)

Bolą mnie **kolana**.

My **knees** hurt.

#496 PIĘTY - HEELS (PIĘTA - HEEL)

Kupiłam ostatnio peeling do **piet**.

Recently I've bought peeling for **heels**.

#497 SERCE - HEART

Nie masz **serca**.

You don't have a **heart**.

#498 PŁUCA - LUNGS (PŁUCO - LUNG)

Odczuwam silny ból w **płucach,** i nie mogę oddychać.

I feel strong pain in my **lungs,** and I can't breathe.

#499 WĄTROBA - LIVER

Ma Pan uszkodzoną **wątrobę**.

You have a damaged **liver**.

#500 MIĘŚNIE - MUSCLES (MIĘSIEŃ - MUSCLE)

Musisz trenować więcej, żeby **mięśnie** ci urosły.

You have to train more to grow your **muscles**.

#501 SZPITAL - HOSPITAL

Musimy zabrać go do **szpitala**.

We have to take him to the **hospital**.

#502 OŚRODEK ZDROWIA - HEALTH CENTER

Idę do **ośrodka zdrowia**. Mam wizytę u lekarza za godzinę.

I'm going to the **health center**. I'm having a doctor's appointment in an hour.

#503 POCZEKALNIA – WAITING ROOM

Przepraszam, gdzie jest **poczekalnia**?

Excuse me, where is the **waiting room**?

#504 IZBA PRZYJĘĆ – CASUALTY DEPARTMENT

Izba przyjęć jest na drugim piętrze.

The **Casualty department** is on the second floor.

#505 SZPITALNY ODDZIAŁ RATUNKOWY (SOR) – EMERGENCY DEPARTMENT

Przepraszam, gdzie jest **szpitalny oddział ratunkowy**?

Excuse me, where is the **emergency department**?

#506 KARETKA POGOTOWIA / AMBULANS – AMBULANCE

Zadzwoń po **ambulans**!

Call an **ambulance**!

#507 GABINET ZABIEGOWY – DOCTOR'S OFFICE / TREATMENT ROOM

Przepraszam, gdzie jest **gabinet zabiegowy**?

Excuse me, where is the **doctor's office**?

#508 DOKTOR / LEKARZ – DOCTOR

O której godzinie przyjdzie **lekarz**?

What time will the **doctor** come?

#509 OBJAWY – SYMPTOMS (OBJAW – SYMPTOM)

Jakie są **objawy**?

What are the **symptoms**?

#510 CHOROBA – DISEASE / ILLNESS

Czy ma pani jakieś **choroby** przewlekłe?

Do you have any long-term **diseases**?

#511 DOLEGLIWOŚĆ – CONDITION

Mam tą **dolegliwość** od kilku dni.

I've been in such **condition** for several days.

#512 SZCZEPIONKA – VACCINE

Musimy podać Panu **szczepionkę**.

We need to give you a **vaccine**.

#513 RECEPTA – A PRESCRIPTION

Proszę chwilkę poczekać. Podam Panu **receptę** za moment.

Please wait a minute. I'll give you a **prescription** in a moment.

#514 BADANIE KRWI – A BLOOD TEST

Będzie Pani musiała mieć **badanie krwi**.

You'll have to have **a blood test**.

#515 UBEZPIECZENIE ZDROWOTNE – HEALTH INSURANCE

Czy posiada Pan **ubezpieczenie zdrowotne**?

Do you have **health insurance**?

#516 UBEZPIECZONY / UBEZPIECZONA – INSURED

Czy jest Pani **ubezpieczona**?

Are you **insured**?

#517 ZWOLNIENIE LEKARSKIE – SICK NOTE

Potrzebuję **zwolnienia lekarskiego**.

I need **a sick note**.

#518 BÓL GŁOWY – HEADACHE

Mam **bóle głowy**.

I have **headaches**.

#519 BÓL BRZUCHA – STOMACHACHE

Mam **ból brzucha**.

I have a **stomachache**.

#520 BÓL ZĘBA – TOOTHACHE

Mam straszny **ból zęba** od kilku dni.

I've had a terrible **toothache** for a few days.

#521 BOLEĆ – TO HURT

Ząb mnie **boli**.

My tooth **hurts**.

#522 BÓL – ACHE / PAIN

Odczuwam silny **ból** tutaj.

I feel strong **pain** here.

#523 GORĄCZKA – FEVER / TEMPERATURE

Masz **gorączkę**.

You have **a fever.**

#524 KASZEL – COUGH

Mam **kaszel.**

I have a **cough.**

#525 KATAR – RUNNY NOSE

Mam **katar.**

I have a **runny nose.**

#526 BÓL GARDŁA – SORE THROAT

Mam **ból gardła.**

I have a **sore throat.**

#527 PRZEZIĘBIENIE – COLD

Mam **przeziębienie.**

I have a **cold.**

#528 GRYPA – FLU / INFLUENZA

Mam **grypę.**

I have the **flu.**

#529 ZŁAMANA RĘKA – BROKEN ARM

Mam **złamaną rękę.**

I have a **broken arm.**

#530 ZŁAMANA NOGA – BROKEN LEG

Mam **złamaną nogę.**

I have **a broken leg.**

#531 SKRĘCONA KOSTKA – TWISTED ANKLE

Mam **skręconą kostkę.**

I have **a twisted ankle.**

#532 SPUCHNIĘTA KOSTKA – SWOLLEN ANKLE

Mam **spuchniętą kostkę.**

I have **a swollen ankle.**

#533 WYMIOTOWAĆ – VOMIT

Wymiotuję od trzech dni.

I've been vomiting for three days.

#534 WYSYPKA – RASH

Mam **wysypkę.**

I have a rash.

#535 CUKRZYCA – DIABETES

Mam cukrzycę.

I have diabetes.

#536 UCZULONY NA – ALLERGIC TO

Jestem uczulony na gluten.

I am allergic to gluten.

#537 CIŚNIENIE KRWI – BLOOD PRESSURE

Mam wysokie ciśnienie krwi.

I have high blood pressure.

#538 ATRUCIE POKARMOWE – FOOD POISONING

Mam zatrucie pokarmowe.

I have food poisoning.

#539 TABLETKI NA BÓL GŁOWY – HEADACHE TABLETS

Musisz brać tabletki na ból głowy.

You need to take headache tablets.

#540 TABLETKI NASENNE – SLEEPING PILLS

Musi Pani brać tabletki nasenne.

You need to take sleeping pills.

#541 SYROP NA KASZEL – COUGH SYRUP

Musi Pan pić syrop na kaszel dwa razy dziennie.

You need to drink cough syrup twice a day.

#542 KROPLE DO OCZU – EYE DROPS

Muszę kupić krople do oczu.

I need to buy eye drops.

#543 KROPLE DO NOSA – NOSE DROPS / NASAL DROPS

Kup krople do nosa w aptece.

Buy nasal drops in the drugstore.

#544 LEKI ANTYDEPRESYJNE – ANTIDEPRESSANTS

Musi Pan brać leki antydepresyjne.

You need to take antidepressants.

#545 ANTYBIOTYKI – ANTIBIOTICS

Muszę przepisać **antybiotyk**.

I have to prescribe **antibiotics**.

#546 LEKI USPOKAJAJĄCE – TRANQUILIZERS

Musi pan brać **leki uspokajające**.

You need to take **tranquilizers**.

A short quiz: Provide the Polish equivalents of the following words

HEAD

FACE

HAIR

EARS

EYES

NOSE

MOUTH

TONGUE

TEETH \ TOOTH

NECK

THROAT

CHEST

BACK

HAND

ARM

FINGERS \ FINGER

STOMACH

BOTTOM

LEGS

FEET

TOES

KNEES

HEELS

HEART

LUNGS

LIVER

MUSCLES

HOSPITAL
HEALTH CENTER
WAITING ROOM
CASUALTY DEPARTMENT
EMERGENCY DEPARTMENT
AMBULANCE
DOCTOR'S OFFICE / TREATMENT ROOM
DOCTOR
SYMPTOMS
DISEASE / ILLNESS
CONDITION
VACCINE
PRESCRIPTION
A BLOOD TEST
HEALTH INSURANCE
INSURED
SICK NOTE
HEADACHE
STOMACHACHE
TOOTHACHE
TO HURT
ACHE / PAIN
FEVER / TEMPERATURE
COUGH
RUNNY NOSE
SORE THROAT
COLD
THE FLU / INFLUENZA
BROKEN ARM
BROKEN LEG
TWISTED ANKLE
SWOLLEN ANKLE
VOMIT
RASH

DIABETES
ALLERGIC TO
BLOOD PRESSURE
FOOD POISONING
HEADACHE TABLETS
SLEEPING PILLS
COUGH SYRUP
EYE DROPS
NOSE DROPS / NASAL DROPS
ANTIDEPRESSANTS
ANTIBIOTICS
TRANQUILIZERS

Chapter 9 – Traveling and Holidays

#547 LOTNISKO - AIRPORT

Pospiesz się! Musimy jechać na **lotnisko**.

Hurry up! We have to go to the **airport**.

#548 SAMOLOT - PLANE

Zamierzam dostać się tam **samolotem**.

I'm going to get there by **plane**.

#549 LOT - FLIGHT

O której godzinie jest nasz **lot**?

What time is our **flight**?

#550 BAGAŻ - LUGGAGE

Dzień dobry, zgubiłam **bagaż**.

Hello, I've lost my **luggage**.

#551 BAGAŻ REJESTROWANY - HOLD BAGGAGE

Do samolotu nie możesz zabrać **bagażu rejestrowanego**.

You can't take **hold baggage** to the plane with you.

#552 BAGAŻ PODRĘCZNY - HAND BAGGAGE

Możesz zabrać tylko jedną walizkę jako **bagaż podręczny**.

You can take only one suitcase as **hand baggage**.

#553 PARKING - CAR PARK/PARKING

Przepraszam, gdzie jest **parking**?

Excuse me, where is a **car park**?

#554 STREFA WOLNOCŁOWA – DUTY-FREE ZONE

Kupimy wodę w **strefie wolnocłowej.**

We will buy some water in the **duty-free zone.**

#555 TOALETA – TOILET

Muszę iść do **toalety.**

I have to go to the **toilet.**

#556 ODPRAWA – CHECK-IN

Proszę iść na **odprawę.**

Go to the **check-in,** please.

#557 STRAŻNIK / OCHRONIARZ – SECURITY GUARD

Szukam **ochroniarza.**

I'm looking for a **security guard.**

#558 BILET – TICKET

Chciałabym kupić **bilet.**

I'd like to buy a **ticket.**

#559 PASZPORT – PASSPORT

Czy mogę zobaczyć Pana **paszport?**

May I see your **passport?**

#560 KONTROLA PASZPORTOWA – PASSPORT CONTROL

Proszę iść do **kontroli paszportowej.**

Go to the **passport control,** please.

#561 DOWÓD OSOBISTY – IDENTITY CARD / ID CARD

Czy mogę zobaczyć Pani **dowód osobisty?**

May I see your **ID card?**

#562 LĄDOWANIE – LANDING

Spodziewamy się **lądowania** za 30 minut.

We expect **landing** in 30 minutes.

#563 OPÓŹNIONY – DELAYED

Samolot do Barcelony jest **opóźniony.**

The plane to Barcelona is **delayed.**

#564 ODLOTY – DEPARTURES

Wszystkie **odloty** do Londynu zostały odwołane z powodu złej pogody.

All **departures** to London have been canceled due to bad weather.

#565 PRZYLOTY - ARRIVALS

Wszystkie **przyloty** zostały opóźnione.

All **arrivals** have been delayed.

#566 HALA ODLOTÓW - DEPARTURE LOUNGE

Przepraszam, gdzie jest **hala odlotów**?

Excuse me, where is the **departure lounge**?

#567 PAS BEZPIECZEŃSTWA - SEAT BELT

Prosimy o zapięcie **pasów bezpieczeństwa**.

Please, fasten your **seat belts**.

#568 DWORZEC KOLEJOWY - TRAIN STATION / RAILWAY STATION

Przepraszam, jak dotrę na **dworzec kolejowy**?

Excuse me, how can I get to **the train station**?

#569 DWORZEC AUTOBUSOWY - BUS STATION / COACH STATION

Dworzec autobusowy jest obok dworca kolejowego.

The bus station is next to the train station.

#570 KASA BILETOWA - TICKET OFFICE

Gdzie jest **kasa biletowa**?

Where is the **ticket office**?

#571 POCIĄG - TRAIN

O której godzinie odjeżdża **pociąg** do Warszawy?

What time does the **train** to Warsaw leave?

#572 AUTOBUS - BUS

Autobus do Poznania odjeżdża o 9:00.

The **bus** to Poznan leaves at 9:00 AM.

#573 BILET NA POCIĄG / BILET KOLEJOWY - RAILWAY TICKET

Dzień dobry, chciałbym kupić **bilet na pociąg**.

Hello, I'd like to buy a **railway ticket**.

#574 BILET NA AUTOBUS / BILET AUTOBUSOWY – BUS TICKET

Dzień dobry, chciałabym kupić **bilet na autobus**.

Hello, I'd like to buy a **bus ticket**.

#575 PERON – PLATFORM

Gdzie jest **peron** 3?

Where is **platform** 3?

#576 KIEROWCA AUTOBUSU – BUS DRIVER

Muszę porozmawiać z **kierowcą autobusu**.

I need to talk to the **bus driver**.

#577 PRZEDZIAŁ – COMPARTMENT

Gdzie jest **przedział** 89?

Where is **compartment** number 89?

#578 MIEJSCE – SEAT

To jest moje **miejsce**.

This is my **seat**.

#579 WALIZKA – SUITCASE

Gdzie mogę położyć moją **walizkę**?

Where can I place my **suitcase**?

#580 PLECAK – BACKPACK

Możesz zabrać **plecak** ze sobą do autobusu, ale walizkę musisz zostawić tutaj.

You can take the **backpack** to the bus with you, but you have to leave your suitcase here.

#581 TOREBKA – PURSE

Czy mogę zabrać tę **torebkę** do samolotu?

Can I take this **purse** to the plane?

#582 OPÓŹNIONY – DELAYED

Pociąg do Krakowa jest **opóźniony**.

The train to Cracow is **delayed**.

#583 PRZYSTANEK AUTOBUSOWY – BUS STOP

Przepraszam, gdzie jest najbliższy **przystanek autobusowy**?

Excuse me, where is the nearest **bus stop**?

#584 ROZKŁAD JAZDY - TRAIN SCHEDULE / BUS SCHEDULE

Musimy zobaczyć **rozkład jazdy.**

We need to see the **train schedule.**

#585 BILET NORMALNY - FULL PRICE TICKET

Poproszę **bilet normalny** do Poznania.

Full price ticket to Poznan, please.

#586 BILET ULGOWY - REDUCED FARE TICKET

Poproszę **bilet ulgowy** do Gdańska.

Reduced fare ticket to Gdansk, please.

#587 BILET STUDENCKI - STUDENT TICKET

Poproszę cztery **bilety studenckie** do Wrocławia.

Four **student tickets** to Wroclaw, please.

#588 ZNAK DROGOWY - ROAD SIGN

Widzisz tamten **znak drogowy?** Nie możesz jechać tak szybko tutaj!

Can you see that **road sign?** You can't drive that fast here!

#589 ŚCIEŻKA ROWEROWA - BIKE PATH

Musimy użyć **ścieżki rowerowej.**

We need to use the **bike path.**

#590 PRZEJŚCIE DLA PIESZYCH - PEDESTRIAN CROSSING

Musimy znaleźć **przejście dla pieszych.**

We need to find a **pedestrian crossing.**

#591 SKRZYŻOWANIE - INTERSECTION / JUNCTION

Na **skrzyżowaniu** skręć w prawo.

Turn right on the **intersection.**

#592 RONDO - ROUNDABOUT / TRAFFIC CIRCLE

Na **rondzie,** użyj pierwszego zjazdu.

At the **roundabout,** take the first exit.

#593 MOST - BRIDGE

Nie wolno jechać przez ten **most!**

You mustn't drive across this **bridge!**

#594 BILET PARKINGOWY – PARKING TICKET

Musimy kupić **bilet parkingowy**.

We need to buy **a parking ticket**.

#595 PAS AWARYJNY – EMERGENCY LANE

Zatrzymaj samochód na **pasie awaryjnym**.

Stop the car on the **emergency lane**.

#596 MOP (MIEJSCE OBSŁUGI PODRÓŻNYCH) – MOTORWAY SERVICE

Przepraszam, gdzie jest najbliższy **MOP**?

Excuse me, where is the nearest **motorway service**?

#597 SEJF – SAFE DEPOSIT BOX / SAFE

Włóż pieniądze do **sejfu**.

Put the money inside the **safe deposit box**.

#598 TUNEL – TUNNEL

Musimy przejechać przez **tunel**.

We have to drive through the **tunnel**.

#599 LIMIT PRĘDKOŚCI – SPEED LIMIT

Limit prędkości wynosi tutaj 60 kilometrów na godzinę.

The speed limit is 60 kilometers per hour here.

#600 KOREK – TRAFFIC JAM

Musimy wybrać alternatywną trasę. Za dwa kilometry zaczyna się wielki **korek**.

We need to choose an alternative way. There is a huge **traffic jam** in two kilometers.

#601 WYPADEK SAMOCHODOWY – CAR ACCIDENT

Dwa lata temu miałem **wypadek samochodowy**.

I had **a car accident** two years ago.

#602 FOTORADAR – STREET CAMERA

Uważaj. Tam jest **fotoradar**!

Watch out. There is a **street camera** over there.

#603 PALIWO – FUEL

Skończyło nam się **paliwo**.

We've run out of **fuel**.

#604 ROPA / ON - PETROLEUM

Potzebujemy **ropy.**

We need **petroleum.**

#605 DYSTRYBUTOR PALIWA - GAS PUMP

Podjedź pod **dystrybutor paliwa.**

Drive to the **gas pump.**

#606 MYJNIA SAMOCHODOWA - CAR WASH

Możesz pojechać na **myjnię samochodową**? Nasz samochód jest bardzo brudny.

Can you drive to the **car wash**? Our car is very dirty.

#607 ULICA - STREET

Mieszkam przy głównej **ulicy.**

I live on the main **street.**

#608 DROGA - ROAD

Czy ta **droga** prowadzi do centrum?

Does this **road** lead to the city center?

#609 ŚYGNALIZACJA ŚWIETLNA (ŚWIATŁA) - TRAFFIC LIGHTS

Na **światłach** skręć w prawo.

Turn right at the **traffic lights.**

#610 PASAŻER - PASSENGER

Nie możemy zabrać kolejnego **pasażera.** Nasz samochód jest już pełen.

We can't take another **passenger.** Our car is full already.

#611 KIEROWCA - DRIVER

Gdzie jest **kierowca**?

Where is the **driver**?

#612 SAMOCHÓD - CAR

Ten **samochód** nie działa.

This **car** doesn't work.

#613 SAMOCHÓD CIĘŻAROWY - LORRY / TRUCK

Ciężarówki są zabronione na autostradzie w niedziele.

Trucks are not allowed on highways on Sundays.

#614 MOTOCYKL – MOTORBIKE

Chciałbym mieć **motocykl**.

I wish I had a **motorbike**.

#615 SAMOCHÓD ELEKTRYCZNY – ELECTRIC CAR

Zamierzasz kupić **elektryczny samochód** w przyszłości?

Are you planning to buy **an electric car** in the future?

#616 KIEROWNICA – STEERING WHEEL

Kierownica jest zepsuta.

The **steering wheel** is broken.

#617 SIEDZENIA – SEATS

Zajmijcie **siedzenia**.

Take your **seats**.

#618 PASY BEZPIECZEŃSTWA – SEAT BELTS

Musicie zapiąć **pasy bezpieczeństwa**.

You need to wear **seat belts**.

#619 HAMULEC – BRAKE

Wciśnij **hamulec**!

Hit the **brake**!

#620 OPONA – TIRE

Ile mamy **opon** w garażu?

How many **tires** do we have left in the garage?

#621 KOŁO ZAPASOWE – SPARE WHEEL

Mamy **koło zapasowe** w samochodzie?

Do we have a **spare wheel** in our car?

#622 BAGAŻNIK – BOOT / TRUNK

Czy mógłbyś otworzyć **bagażnik**?

Could you open the **trunk**?

#623 GAŚNICA – FIRE EXTINGUISHER

Nie mamy **gaśnicy** w samochodzie.

We don't have a **fire extinguisher** in our car.

#624 TRÓJKĄT OSTRZEGAWCZY – WARNING TRIANGLE

Wyjmij **trójkąt ostrzegawczy** z bagażnika.

Take the **warning triangle** out of the trunk.

#625 LINKA HOLOWNICZA - TOWROPE

Dzień dobry, chciałbym kupić **linkę holowniczą**.

Hello, I'd like to buy a **towrope**.

#626 APTECZKA SAMOCHODOWA - CAR EMERGENCY KIT

Mamy **apteczkę** w samochodzie?

Do we have a **car emergency kit**?

#627 PRAWO JAZDY - DRIVING LICENSE

Czy mogę zobaczyć Pana **prawo jazdy**?

May I see your **driving license**?

#628 DÓWÓD REJESTRACYJNY - REGISTRATION DOCUMENT

Muszę zobaczyć **dowód rejestracyjny**.

I need to see a **registration document**.

#629 UBEZPIECZENIE OC - LIABLITY INSURANCE

Czy ma Pan **ubezpieczenie samochodu**?

Do you have **liability insurance**?

#630 WYPOŻYCZAĆ SAMOCHÓD - TO RENT A CAR

Dzień dobry, chciałbym **wypożyczyć samochód**.

Hello, I'd like **to rent a car**.

#631 WYPOŻYCZALNIA SAMOCHODÓW - CAR RENTAL

Przepraszam, gdzie jest najbliższa **wypożyczalnia samochodów**?

Excuse me, where is the nearest **car rental**?

#632 HOTEL - HOTEL

Szukamy **hotelu** w centrum miasta.

We're looking for a **hotel** in the city center.

#633 HOSTEL / SCHRONISKO - YOUTH HOSTEL

Spędzimy noc w **schronisku**.

We'll spend the night in **a youth hostel**.

#634 PENSJONAT - GUEST HOUSE

Czy spanie w **pensjonacie** to dobry pomysł?

Is sleeping in a **guest house** a good idea?

#635 KURORT / OŚRODEK WYPOCZYNKOWY – RESORT

Zamierzamy wynająć pokój w **kurorcie**.

We're going to book a room in a **resort**.

#636 OBOZOWISKO / POLE KEMPINGOWE – CAMPSITE

Przepraszam, jak daleko jest do **pola kempingowego**?

Excuse me, how far to the **campsite**?

#637 MOTEL – MOTEL

Jestem już zmęczony. Zatrzymajmy się na noc w **motelu**.

I'm tired. Let's stay the night in a **motel**.

#638 HOTEL PIĘCIOGWIAZDKOWY – FIVE-STAR HOTEL

Zawsze chciałem spędzić noc w **hotelu pięciogwiazdkowym**.

I've always wanted to spend the night in a **five-star hotel**.

#639 MIESZKANIE PRYWATNE – PRIVATE FLAT

Szukamy **mieszkania prywatnego** na Airbnb.

We're looking for a **private flat** on Airbnb.

#640 APARTAMENT – SUITE

Dzień dobry, chcielibyśmy zarezerwować cały **apartament**.

Hello, we'd like to book the whole **suite**.

#641 NAMIOT – TENT

Będziemy spać w **namiocie**.

We're going to sleep in a **tent**.

#642 RECEPCJA – RECEPTION

Ręczniki są w **recepcji**.

The towels are in the **reception**.

#643 HOL – LOBBY

Internet jest w **lobby**.

The Internet is in the **lobby** area.

#644 RESTAURACJA HOTELOWA – HOTEL RESTAURANT

Przepraszam, gdzie jest **restauracja hotelowa**?

Excuse me, where is the **hotel restaurant**?

#645 BAR HOTELOWY - HOTEL BAR

Idę do **baru hotelowego**. Chcesz piwo?

I'm going to a **hotel bar**. Do you want a beer?

#646 POKÓJ - ROOM

Gdzie jest nasz **pokój**?

Where is our **room**?

#647 KLUCZ - KEY

To jest państwa **klucz**. Miłego pobytu.

This is your **key**. Enjoy your stay.

#648 POKÓJ JEDNOOSOBOWY - SINGLE ROOM

Chciałbym zarezerwować jeden **pokój jednoosobowy**.

I'd like to book one **single room**.

#649 POKÓJ DWUOSOBOWY - DOUBLE ROOM

Chcielibyśmy zarezerwować trzy **pokoje dwuosobowe**.

We'd like to book three **double rooms**.

#650 OBSŁUGA HOTELOWA - ROOM SERVICE

O której godzinie przychodzi **obsługa hotelowa**?

What time does the **room service** staff come?

#651 PIĘTRO / POZIOM - FLOOR

Państwa pokój jest na drugim **piętrze**.

Your room is on the second **floor**.

#652 WINDA - ELEVATOR

Skorzystajmy z **windy**.

Let's use the **elevator**.

#653 SCHODY - STAIRS

Chodźmy **schodami**.

Let's take the **stairs**.

#654 REZERWOWAĆ - TO BOOK / TO MAKE A RESERVATION

Dzień dobry, chciałbym **zarezerwować** pokój.

Hello, I'd like **to book** a room.

#655 ZAMELDOWANIE - CHECK IN

O której godzinie jest **zameldowanie**?

What time is the **check in**?

#656 WYMELDOWANIE – CHECK OUT

O której godzinie jest **wymeldowanie**?

What time is the **check out**?

#657 ŚNIADANIE – BREAKFAST

Co zamierzasz zamówić na **śniadanie**?

What are you going to order for **breakfast**?

#658 LUNCH – LUNCH

Chodźmy na **lunch** do restauracji.

Let's go to a restaurant for **lunch**.

#659 OBIADOKOLACJA – DINNER

Gdzie zjemy **obiad**?

Where are we going to have **dinner**?

#660 PRZEKĄSKI – SNACKS

Kupmy jakieś **przekąski** na imprezę.

Let's buy some **snacks** for the party.

#661 KLIMATYZACJA – AIR CONDITIONING

Czy w pokoju jest **klimatyzacja**?

Is **air conditioning** in the room?

#662 OGRZEWANIE – HEATING

Czy pokój ma **ogrzewanie**?

Does the room have **heating**?

#663 ŁÓŻKO – BED

Ile jest **łóżek** w tym pokoju?

How many **beds** are there in the room?

#664 ŁÓŻKO JEDNOOSOBOWE – TWIN BED

Chcielibyśmy dwa **łóżka jednoosobowe**.

We'd like two **twin beds**.

#665 ŁÓŻKO DWUOSOBOWE – QUEEN BED

Chcielibyśmy **łóżko dwuosobowe**.

We'd like a **queen bed**.

#666 ŁÓŻKO PIĘTROWE – BUNK BED

Czy **łóżko piętrowe** jest dostępne?

Is a **bunk bed** available?

#667 GARDEROBA / SZAFA NA UBRANIA – A WARDROBE / A CLOSET

W pokoju jest duża **garderoba**.

There is a huge **closet** in the room.

#668 STOLIK NOCNY – BEDSIDE TABLE

Połóż okulary na **stoliku nocnym**.

Put your glasses on the **bedside table**.

#669 TELEWIZOR – TV

Czy w pokoju jest **telewizor**?

Is there a **TV** in the room?

#670 DARMOWE WI-FI – FREE WI-FI

Czy w hotelu jest **darmowe Wi-Fi**?

Is there **free Wi-Fi** in the hotel?

#671 HASŁO DO WI-FI – WI-FI PASSWORD

Jakie jest **hasło do Wi-Fi**?

What is the **Wi-Fi password**?

#672 OKNO – WINDOW

Ile jest **okien**?

How many **windows** are there?

#673 ŁAZIENKA – BATHROOM

W pokoju jest **łazienka**.

There is a **bathroom** in the room.

#674 PRYSZNIC – SHOWER

W pokoju jest tylko **prysznic**.

There is a **shower** only in your room.

A short quiz: Provide the Polish equivalents of the following words

AIRPORT

PLANE

FLIGHT

LUGGAGE

HOLD BAGGAGE

HAND BAGGAGE

CAR PARK / PARKING

DUTY-FREE ZONE
TOILET
CHECK IN
SECURITY GUARD
TICKET
PASSPORT
PASSPORT CONTROL
IDENTITY CARD / ID CARD
LANDING
DELAYED
DEPARTURES
ARRIVALS
DEPARTURE LOUNGE
SEAT BELT
TRAIN STATION / RAILWAY STATION
BUS STATION / COACH STATION
TICKET OFFICE
TRAIN
BUS
RAILWAY TICKET
BUS TICKET
PLATFORM
BUS DRIVER
COMPARTMENT
SEAT
SUITCASE
BACKPACK
PURSE
DELAYED
BUS STOP
TRAIN SCHEDULE / BUS SCHEDULE
FULL PRICE TICKET
REDUCED FARE TICKET
STUDENT TICKET

ROAD SIGN
BIKE PATH
PEDESTRIAN CROSSING
INTERSECTION / JUNCTION
ROUNDABOUT / TRAFFIC CIRCLE
BRIDGE
PARKING TICKET
EMERGENCY LANE
MOTORWAY SERVICE AREA
TUNNEL
SPEED LIMIT
TRAFFIC JAM
CAR ACCIDENT
STREET CAMERA
FUEL
PETROLEUM
CAR WASH
STREET
ROAD
TRAFFIC LIGHTS
PASSENGER
DRIVER
CAR
LORRY / TRUCK
MOTORBIKE
ELECTRIC CAR
STEERING WHEEL
SEATS
SEAT BELTS
BRAKE
TIRE
SPARE WHEEL
BOOT / TRUNK
FIRE EXTINGUISHER

WARNING TRIANGLE
TOWROPE
CAR EMERGENCY KIT
DRIVING LICENCE
REGISTRATION DOCUMENT
LIABILITY INSURANCE
TO RENT A CAR
CAR RENTAL
HOTEL
YOUTH HOSTEL
GUEST HOUSE
RESORT
CAMPSITE
MOTEL
FIVE-STAR HOTEL
PRIVATE FLAT
SUITE
TENT
RECEPTION
LOBBY
HOTEL RESTAURANT
HOTEL BAR
ROOM
KEY
SINGLE ROOM
DOUBLE ROOM
ROOM SERVICE
FLOOR
ELEVATOR
STAIRS
TO BOOK / TO MAKE A RESERVATION
CHECK IN
CHECK OUT
BREAKFAST

LUNCH
DINNER
SNACKS
AIR CONDITIONING
HEATING
BED
TWIN BED
QUEEN BED
BUNK BED
WARDROBE / CLOSET
BEDSIDE TABLE
TV
FREE WI-FI
WI-FI PASSWORD
WINDOW
BATHROOM
SHOWER
SAFE DEPOSIT BOX / SAFE

Chapter 10 – Education

#675 EDUKACJA – EDUCATION

Edukacja jest ważna.

Education is important.

#676 JĘZYK POLSKI – POLISH

Ile godzin **języka polskiego** mamy w tygodniu?

How many hours of **Polish** do we have in a week?

#677 MATEMATYKA – MATHEMATICS / MATHS

Dzisiaj mamy dwie lekcje **matematyki**.

Today we have two **math** lessons.

#678 JĘZYK OBCY – FOREIGN LANGUAGE

Mamy zajęcia z **języka obcego** w przyszłym tygodniu?

Do we have any **foreign language** classes next week?

#679 JĘZYK ANGIELSKI – ENGLISH

Lubię **język angielski**.

I like **English**.

#680 JĘZYK NIEMIECKI – GERMAN

Nie lubię **języka niemieckiego**.

I don't like **German**.

#681 JĘZYK HISZPAŃSKI – SPANISH

Znasz **język hiszpański**?

Do you know **Spanish**?

#682 GEOGRAFIA – GEOGRAPHY

Mamy dzisiaj zajęcia z **geografii**?

Do we have **geography** classes today?

#683 **HISTORIA – HISTORY**

Zajęcia z **historii** są dziś odwołane.

History classes are canceled today.

#684 **BIOLOGIA – BIOLOGY**

Nienawidzę zajęć z **biologii**!

I hate **biology** classes!

#685 **CHEMIA – CHEMISTRY**

Nie mamy dzisiaj zajęć z **chemii**.

We don't have **chemistry** classes today.

#686 **FIZYKA – PHYSICS**

Masz zadanie domowe na zajęcia z **fizyki**?

Do you have homework for **physics** classes?

#687 **RELIGIA – RELIGION**

Nie chodzę na zajęcia z **religii**.

I don't attend **religion** classes.

#688 **WYCHOWANIE FIZYCZNE (WF) – PHYSICAL EDUCATION (PE)**

Mamy dzisiaj **WF**?

Do we have **PE** today?

#689 **MUZYKA – MUSIC CLASS**

Uwielbiam zajęcia z **muzyki**.

I love **music class.**

#690 **PLASTYKA – ART CLASS**

Mam zajęcia z **plastyki** dwa razy w tygodniu.

I have an **art class** twice a week.

#691 **INFORMATYKA – IT CLASS**

Masz zajęcia z **informatyki** codziennie?

Do you have an **IT class** every day?

#692 **ZAJĘCIA DODATKOWE – EXTRACURRICULAR ACTIVITIES**

Chodzę na **zajęcia dodatkowe** w środy i czwartki.

I attend **extracurricular activities** on Wednesdays and Thursdays.

#693 KÓŁKO ZAINTERESOWAŃ – SPECIAL INTEREST GROUP

Jestem członkiem **kółka zainteresowań**.

I'm a member of a **special interest group**.

#694 ZAJĘCIA WYRÓWNAWCZE – REMEDIAL CLASS

Muszę chodzić **na zajęcia wyrównawcze** w poniedziałki o 7:00.

I have to attend a **remedial class** on Mondays at 7:00 AM.

#695 GIMNASTYKA KOREKCYJNA – REMEDIAL EXERCISES

Będę musiał chodzić na **gimnastykę korekcyjną** w nowym semestrze.

I'll have to attend **remedial exercises** class in the new semester.

#696 ZAJĘCIA WIECZOROWE – NIGHT CLASS

Masz jakieś **zajęcia wieczorowe**?

Do you have any **night classes**?

#697 NAUCZYCIEL – TEACHER

Nasz **nauczyciel** jest miły.

Our **teacher** is nice.

#698 UCZEŃ – STUDENT

Ilu **uczniów** jest w twojej klasie?

How many **students** are there in your classroom?

#699 DYREKTOR SZKOŁY – SCHOOL PRINCIPAL

Nie ma dzisiaj **dyrektora szkoły**. Przyjdź jutro.

The **school principal** is absent today. Come here tomorrow.

#700 SALA LEKCYJNA – CLASSROOM

Przepraszam, gdzie jest **sala lekcyjna** 308?

Excuse me, where is **classroom** 308?

#701 LEKCJA – LESSON

O której zaczyna się pierwsza **lekcja**?

What time does the first **lesson** start?

#702 ZAJĘCIA – CLASS

Ile **zajęć** mamy dzisiaj?

How many **classes** do we have today?

#703 STOŁÓWKA – CAFETERIA / CANTEEN

Stołówka jest obok sali gimnastycznej.

The **canteen** is next to the school gym.

#704 SZATNIA – CHANGING ROOM

Gdzie jest **szatnia**? Muszę zostawić kurtkę.

Where is the **changing room**? I need to leave my jacket there.

#705 SALA GIMNASTYCZNA – SCHOOL GYM

Mamy dzisiaj zajęcia na **sali gimnastycznej**?

Do we have any classes at the **school gym** today?

#706 BOISKO SZKOLNE – SCHOOL PLAYGROUND

Chodźmy na **boisko szkole**!

Let's go to the **school playground**!

#707 SEKRETARIAT SZKOLNY – SCHOOL'S SECRETARY OFFICE

Przepraszam, gdzie jest **sekretariat szkolny**?

Excuse me, where is the **school's secretary office**?

#708 BIBLIOTEKA SZKOLNA – SCHOOL LIBRARY

Chodź ze mną do **biblioteki szkolnej**.

Go with me to the **school library**.

#709 CZYTELNIA – A READING ROOM

Muszę iść do **czytelni**. Nie mogę się tutaj skupić na nauce.

I have to go to the **reading room**. I can't focus on studying here.

#710 SALA KOMPUTEROWA – IT SUITE

Teraz mamy zajęcia w **sali komputerowej**.

We're having classes in the **IT suite** right now.

#711 GABINET DYREKTORA – HEAD TEACHER'S OFFICE

Przepraszam, gdzie jest **gabinet dyrektora**?

Excuse me, where is the **head teacher's office**?

#712 WOŹNY – CARETAKER

Widziałeś **woźnego**?

Have you seen the **caretaker**?

#713 DZWONEK SZKOLNY – SCHOOL BELL

Nienawidzę dźwięku **dzwonka szkolnego**.

I hate the sound of the **school bell**.

#714 PRZERWA – BREAK

Potrzebuję **przerwy**. Jetsem zmęczony.

I need a **break**. I'm tired.

#715 PRZERWA ŚNIADANIOWA – LUNCH BREAK

O której godzinie zaczyna się **przerwa śniadaniowa**?

What time does the **lunch break** start?

#716 AUTOBUS SZKOLNY – SCHOOL BUS

O której godzinie odjeżdża **autobus szkolny**?

What time does the **school bus** leave?

#717 WYCIECZKA SZKOLNA – SCHOOL TRIP

Bierzesz udział w **wycieczce szkolnej**?

Are you taking part in the **school trip**?

#718 SPRAWDZIAN / TEST – TEST

Kiedy mamy **test**?

When do we have the **test**?

#719 OCENA – GRADE

Czy mogłaby mi Pani powiedzieć jaką **ocenę** dostałem?

Could you tell me what **grade** did I get?

#720 KARTKÓWKA ZE SŁÓWEK – VOCABULARY QUIZ

Za tydzień napiszecie **kartkówkę ze słówek**.

You'll write a **vocabulary quiz** next week.

#721 EGZAMIN PAŃSTWOWY – STATE EXAM

Uczysz się już na **egzamin państwowy**?

Do you learn for the **state exam**?

#722 UCZYĆ SIĘ NA PAMIĘĆ – TO LEARN BY HEART

Musisz **nauczyć się tego na pamięć**.

You have to **learn it by heart**.

#723 WKUWAĆ – CRAM

Wkuwałem całą noc.

I've been **cramming** all night.

#724 ZALICZYĆ / ZDAĆ TEST – TO PASS A TEST

Zdałem test!

I passed the test!

#725 OBLAĆ TEST / NIE ZALICZYĆ TESTU – TO FAIL A TEST

Oblałam test. Muszę go powtórzyć.

I **failed** the test. I need to retake it.

#726 PISAĆ EGZAMIN – TO TAKE A TEST

Nie zapomnij, że we wtorek **piszemy egzamin**.

Don't forget that **we're taking a test** on Tuesday.

#727 POPRAWIAĆ TEST – TO RETAKE A TEST

Muszę **poprawić ten test**.

I need **to retake this test**.

#728 EGZAMIN POPRAWKOWY / POPRAWKA – RETAKE

Kiedy odbędzie się **egzamin poprawkowy**?

When will the **retake** take place?

#729 DZIENNIK LEKCYJNY – REGISTER

Muszę uzupełnić **dziennik**. Poczekajcie moment.

I have to fill in the **register**. Wait a moment.

#730 PREZENTACJA – PRESENTATION

Jutro mam **prezentację**. Stresuję się.

I have a **presentation** tomorrow. I'm stressed.

#731 EGZAMIN USTNY – ORAL EXAM

Kiedy odbędzie się **egzamin ustny**?

When will **the oral exam** take place?

#732 EGZAMIN PISEMNY – WRITTEN EXAM

Będziecie mieli **egzamin pisemny** na koniec roku szkolnego.

You'll have a **written exam** at the end of the school year.

#733 ZADANIE DOMOWE – HOMEWORK

Zadanie 2,3, i 4 jest **zadaniem domowym**.

Exercise 2, 3, and 4 is your **homework**.

#734 PROJEKT – PROJECT

Weźmy udział w tym **projekcie**.

Let's take part in this **project**.

#735 ROZMOWA - CONVERSATION

Będziemy mieli krótką **rozmowę** na temat zmian klimatu w piątek.

We'll have a short **conversation** about climate change on Friday.

#736 DYSKUSJA - DISCUSSION

W środę będzie **dyskusja** o prawach człowieka.

There's going to be a **discussion** on human rights on Wednesday.

#737 PODRĘCZNIK SZKOLNY - STUDENT BOOK

Zapomniałem **podręcznika szkolnego**! Mogę pożyczyć twój?

I forgot my **student book**! Can I borrow yours?

#738 ZESZYT ĆWICZEŃ - WORKBOOK

Pożyczę ci mój **zeszyt ćwiczeń**.

I'll lend you my **workbook**.

#739 SŁOWNIK - DICTIONARY

Przynieście **słowniki** na następną lekcję.

Bring **dictionaries** for the next lesson.

#740 DŁUGOPIS - PEN

Mogę pożyczyć twój **długopis**?

Can I borrow your **pen**?

#741 PIÓRNIK - PENCIL CASE

Masz **piórnik**?

Do you have a **pencil case**?

#742 PLECAK - SCHOOLBAG

Zostawiłem **plecak** w stołówce.

I left my **schoolbag** in the canteen.

#743 ŁAWKA - DESK

Czy ta **ławka** jest wolna?

Is that **desk** free?

#744 TABLICA - BLACKBOARD

Nie lubię pisać po **tablicy**.

I don't like writing on the **blackboard**.

#745 TABLICA INTERAKTYWNA – INTERACTIVE BOARD

Nasza szkoła ma pięć **tablic interaktywnych.**

Our school has five **interactive boards.**

#746 MARKER DO TABLICY – WHITEBOARD MARKER

Czy możesz podać mi **marker do tablicy?**

Can you pass me a **whiteboard marker?**

#747 KOSZ NA ŚMIECI –A BIN

Wyrzuć to do **kosza.**

Throw it into the **bin.**

#748 UNIWERSYTET – UNIVERSITY / COLLEGE

Studiuję na **uniwerystecie.**

I study at a **university.**

#749 STOPIEŃ NAUKOWY – DEGREE

Otrzymałam **stopień naukowy** w zeszłym roku.

I got a **degree** last year.

#750 STUDENT – STUDENT

Jestem **studentem.**

I'm a **student.**

#751 WYKŁADOWCA – LECTURER

Wykładowca jeszcze nie przyszedł.

The lecturer hasn't come yet.

#752 WYKŁAD – LECTURE

O której zaczyna się **wykład?**

What time does the **lecture** start?

#753 SALA WYKŁADOWA – LECTURE ROOM

Przepraszam, gdzie jest **sala wykładowa** 56?

Excuse me, where is **lecture room** 56?

#754 AULA – LECTURE HALL

Szukam **auli.**

I'm looking for a **lecture hall.**

#755 LICENCJAT – BACHELOR'S DEGREE

W tym roku zamierzam dostać **licencjat.**

I'm going to get a **bachelor's degree** this year.

#756 MAGISTER – MASTER'S DEGREE

Otrzymałam tytuł **magistra**.

I got a **master's degree.**

#757 DYPLOM / ŚWIADECTWO – DIPLOMA

Czy mógłbyś pokazać mi **dyplom**?

Could you show me your **diploma**?

#758 PRAKTYKANT – TRAINEE

Jestem **praktykantem**.

I'm a **trainee.**

#759 NOTATKI – NOTES

Mogę pożyczyć twoje **notatki**?

Can I borrow your **notes**?

#760 ROBIĆ NOTATKI – TO TAKE NOTES

Rób notatki.

Take notes.

#761 WYGŁASZAĆ MOWĘ – TO GIVE A SPEECH

W przyszłym tygodniu **wygłaszam mowę**.

I'm giving a speech next week.

#762 PRZYGOTOWYWAĆ PREZENTACJĘ – TO PREPARE A PRESENTATION

Przygotowuję prezentację o zwierzętach.

I'm preparing a presentation about animals.

#763 SESJA EGZAMINACYJNA – EXAM SESSION

Kiedy rozpoczyna się **sesja egzaminacyjna**?

When does the **exam session** start?

#764 ABSOLWENT – GRADUATE

Jestem **absolwentem**.

I'm a **graduate.**

#765 ABSOLUTORIUM – GRADUATION CEREMONY

Może pójdziemy na lunch po **absolutorium**?

Why don't we have lunch after the **graduation ceremony**?

#766 WŁADZE SZKOŁY – SCHOOL AUTHORITIES

Władze szkoły odwołały wycieczkę.

The school authorities have canceled the trip.

#767 REKRUTACJA – RECRUITMENT

Kiedy rozpoczyna się rekrutacja?

When des the recruitment start?

#768 EGZAMINY WSTĘPNE – ENTRANCE EXAMS

Zdałeś egzaminy wstępne?

Did you pass the entrance exams?

#769 WYMIANA STUDENCKA – STUDENT EXCHANGE PROGRAM

Chciałbym wziąć udział w wymianie studenckiej.

I'd like to take part in the student exchange program.

#770 INDEKS – STUDENT BOOK

Czy mogę zobaczyć twój indeks?

May I see your student book?

#771 LEGTYMACJA STUDENCKA – STUDENT ID CARD

Oto Pana legitymacja studencka.

Here's your student ID card.

#772 KREDYT STUDENCKI – STUDENT LOAN

Chciałbym wziąć kredyt studencki.

I'd like to take a student loan.

A short quiz: Provide the Polish equivalents of the following words

EDUCATION

POLISH

MATHEMATICS / MATHS

FOREIGN LANGUAGE

ENGLISH

GERMAN

SPANISH

GEOGRAPHY

HISTORY

BIOLOGY

CHEMISTRY
PHYSICS
RELIGION
PHYSICAL EDUCATION (PE)
MUSIC CLASS
ART CLASS
IT CLASS
EXTRACURRICULAR ACTIVITIES
SPECIAL INTEREST GROUP
REMEDIAL CLASS
REMEDIAL EXERCISES
NIGHT CLASS
TEACHER
STUDENT
SCHOOL PRINCIPAL
CLASSROOM
LESSON
CLASS
CAFETERIA / CANTEEN
CHANGING ROOM
SCHOOL GYM
SCHOOL PLAYGROUND
SCHOOL'S SECRETARY OFFICE
SCHOOL LIBRARY
READING ROOM
IT SUITE
HEAD TEACHER'S OFFICE
CARETAKER
SCHOOL BELL
BREAK
LUNCH BREAK
SCHOOL BUS
SCHOOL TRIP
TEST

GRADE
VOCABULARY QUIZ
STATE EXAM
TO LEARN BY HEART
CRAM
TO PASS A TEST
TO FAIL A TEST
TO TAKE A TEST
TO RETAKE A TEST
RETAKE
REGISTER
PRESENTATION
ORAL EXAM
WRITTEN EXAM
HOMEWORK
PROJECT
CONVERSATION
DISCUSSION
STUDENT BOOK
WORKBOOK
BOOK
SET BOOK
DICTIONARY
PEN
PENCIL CASE
SCHOOLBAG
DESK
BLACKBOARD
INTERACTIVE BOARD
WHITEBOARD MARKER
BIN
UNIVERSITY / COLLEGE
DEGREE
STUDENT

LECTURER
LECTURE
LECTURE ROOM
LECTURE HALL
BACHELOR'S DEGREE
MASTER'S DEGREE
PRACTICALS
TRAINEE
STUDENT TEACHER
NOTES
TO TAKE NOTES
TO GIVE A SPEECH
TO PREPARE A PRESENTATION
EXAM
EXAM SESSION
GRADUATE
GRADUATION CEREMONY
SCHOOL AUTHORITIES
RECRUITMENT
ENTRANCE EXAMS
STUDENT EXCHANGE PROGRAM
STUDENT BOOK
STUDENT ID CARD
STUDENT LOAN

Chapter 11 – At Work

#773 ZAWÓD - PROFESSION

Jaki jest twój **zawód**?

What is your **profession**?

#774 MIEJSCE PRACY - WORKPLACE

Zostawiłem mój laptop w **miejscu pracy**.

I left my laptop at my **workplace**.

#775 BIURO - OFFICE

Przyjdziesz do mojego **biura** o godzinie 17:00? Musimy porozmawiać.

Will you come to my **office** at 5 PM? We need to talk.

#776 PRACA - JOB

Moja **praca** wymaga odpowiedzialności.

My **job** requires responsibility.

#777 FABRYKA - FACTORY

Pracuję w **fabryce** samochodów.

I work in a car **factory**.

#778 FIRMA - COMPANY

Moja siostra pracuje dla dużej **firmy** w Warszawie.

My sister works for a big **company** in Warsaw.

#779 SIEDZIBA FIRMY - HEADQUARTERS

Główna **siedziba firmy** znajduje się w Polsce.

The main **headquarters** is located in Poland.

#780 KORPORACJA – CORPORATION

Pracuję w **korporacji**.

I work for a **corporation**.

#781 PRACOWNIK – EMPLOYEE

Zostałem **pracownikiem** miesiąca!

I've become an **employee** of the month!

#782 PRACODAWCA – EMPLOYER

Mój **pracodawca** zawsze daje wypłatę na czas.

My **employer** always gives the salary on time.

#783 SZEF / SZEFOWA – BOSS

Lubisz swojego **szefa**?

Do you like your **boss**?

#784 KOLEDZY Z PRACY – COLLEAGUES / COWORKERS

Jutro wychodzę do restauracji z moimi **kolegami z pracy**.

I'm going to a restaurant with my **coworkers** tomorrow.

#785 PRACA ZDALNA – REMOTE WORKING

Wolę **pracę zdalną**. Praca zdalna daje ci wolność wyboru.

I prefer **remote working**. Remote working gives you freedom of choice.

#786 PRACOWAĆ – TO WORK

Pracuję osiem godzin dziennie.

I work eight hours a week.

#787 WYPŁATA – SALARY

Moja **wypłata** jest ok.

My **salary** is fine.

#788 ZAROBKI – EARNINGS / WAGES

Średnie **zarobki** w Polsce wynoszą 4000 złotych.

The average **wage** in Poland equals 4000 zloty.

#789 PODATEK – TAX

Ile **podatków** ma twoje państwo?

How many **taxes** does your country have?

#790 AWANS – PROMOTION

Dostałam **awans**!

I got a **promotion**!

#791 DOSTAĆ AWANS – TO GET A PROMOTION

Pracuję ciężko, żeby **dostać awans** w przyszłym roku.

I'm working hard **to get a promotion** next year.

#792 DOSTAĆ PRACĘ – TO GET A JOB

Dostałem pracę w restauracji!

I got a job in a restaurant!

#793 ZOSTAĆ ZWOLNIONYM – TO BE \ GET DISMISSED

Mój kolega z pracy **został** wczoraj **zwolniony**.

My coworker **got dismissed** yesterday.

#794 ZOSTAĆ WYRZUCONYM Z PRACY – TO BE FIRED

Moja mama **została wyrzucona z pracy**.

My mom **has been fired**.

#795 PODWYŻKA – PAY RISE

Dostałem **podwyżkę**!

I've got **a pay rise**!

#796 DOSTAĆ PODWYŻKĘ – TO GET A PAY RISE

Pracuję ciężko, żeby **dostać podwyżkę** w przyszłym miesiącu.

I'm working hard **to get a pay rise** next month.

#797 PRACA NA CAŁY ETAT – FULL-TIME JOB

Pracuję **na cały etat**.

I work **a full-time job**.

#798 PRACA NA PÓŁ ETATU – PART-TIME JOB

Moja koleżanka pracuje **na pół etatu**.

My friend works **a part-time job**.

#799 PRACA DODATKOWA – SIDE JOB

To jest moja **praca dodatkowa**.

It's my **side job**.

#800 PRACA ZMIANOWA – SHIFT JOB

Mam **pracę zmianową**.

I work **a shift job**.

#801 NOCNA ZMIANA / NOCKA – NIGHT SHIFT

Dziś mam **nocną zmianę**.

I have **a night shift** today.

#802 ROZMOWA O PRACĘ – JOB INTERVIEW

Mam **rozmowę o pracę** w poniedziałek rano.

I have **a job interview** on Monday morning.

#803 UMOWA O PRACĘ – JOB AGREEMENT

Oto **umowa o pracę**. Podpisz ją.

Here's the **job agreement**. Sign it, please.

#804 ŻYCIORYS (CV) – CURRICULUM VITAE (CV)

Prosimy o dołączenie **życiorysu**.

Please, attach your **Curriculum Vitae**.

#805 PODANIE O PRACĘ – JOB APPLICATION FORM

Wyślij nam **podanie o pracę** na adres...

Send us a **job application form** to...

#806 STANOWISKO – POSITION

Na jakie **stanowisko** aplikowałeś?

What **position** did you apply for?

#807 KWALIFIKACJE – QUALIFICATIONS

Ma Pan świetne **kwalifikacje**.

You have great **qualifications**.

#808 WYMAGANIA – REQUIREMENTS

Jakie są **wymagania**?

What are the **requirements**?

#809 UMIEJĘTNOŚCI – SKILLS

Jakie **umiejętności** Pani posiada?

What **skills** do you have?

#810 WYKSZTAŁCENIE – EDUCATION

Jakie jest Pana **wykształcenie**?

What's your **education**?

#811 DOŚWIADCZENIE ZAWODOWE – JOB EXPERIENCE

Czy ma Pani jakieś **doświadczenie zawodowe** na takim stanowisku?

Do you have any **job experience** in such a position?

#812 DZIAŁ KADR – HUMAN RESOURCES DEPARTMENT

Przepraszam, gdzie jest **dział kadr**?

Excuse me, where is the **human resources department**?

#813 DZIAŁ OBSŁUGI KLIENTA – CUSTOMER SERVICE DEPARTMENT

Prosimy o kontakt z **działem obsługi klienta**.

Please, contact our **customer service department**.

#814 DZIAŁ WSPARCIA TECHNICZNEGO – HELP DESK

Prosimy o kontakt z **działem wsparcia technicznego**.

Please contact our **help desk**.

#815 WYJAZD SŁUŻBOWY – BUSINESS TRIP

Mam **wyjazd służbowy** w przyszłym miesiącu.

I'm going on **a business trip** next month.

#816 SPOTKANIE – MEETING

Spóźnię się na **spotkanie**.

I'll be late for the **meeting**.

A short quiz: Provide the Polish equivalents of the following words

PROFESSION

WORKPLACE

OFFICE

JOB

FACTORY

COMPANY

HEADQUARTERS

CORPORATION

EMPLOYEE

EMPLOYER

BOSS

COLLEAGUES / COWORKERS

REMOTE WORKING

WORK

SALARY

EARNINGS / WAGES

TAX
PROMOTION
TO GET A PROMOTION
TO GET A JOB
TO BE DISMISSED
TO BE FIRED
PAY RISE
TO GET A PAY RISE
FULL-TIME JOB
PART-TIME JOB
SIDE JOB
SHIFT JOB
NIGHT SHIFT
JOB INTERVIEW
JOB AGREEMENT
CURRICULUM VITAE (CV)
JOB APPLICATION FORM
POSITION
QUALIFICATIONS
REQUIREMENTS
SKILLS
EDUCATION
JOB EXPERIENCE
PERSONNEL DEPARTMENT / HR
CUSTOMER SERVICE DEPARTMENT
HELP DESK
BUSINESS TRIP
MEETING

Chapter 12 – In A Restaurant

#817 MENU – MENU

Czy mogę prosić o **menu**?

Can I get **a menu**, please?

#818 KOLACJA – SUPPER

Chodźmy na **kolację** do restauracji.

Let's go for **supper** to a restaurant.

#819 PRZYSTAWKI – STARTERS / APPETIZERS

Jaką **przystawkę** Pani poleca?

What **starter** do you recommend?

#820 DANIE GŁÓWNE – MAIN COURSE / MAIN DISH

Jakie **danie główne** Pan poleca najbardziej?

Which **main dish** do you recommend the most?

#821 ZIMNE NAPOJE – COLD DRINKS

Wolałbym coś z **zimnych napojów?**

I'd prefer something with **cold drinks.**

#822 GORĄCE NAPOJE – HOT DRINKS

Jakie **gorące napoje** serwujecie?

What **hot drinks** do you serve?

#823 KELNER – WAITER

Czy mogę porozmawiać z **kelnerem**?

Can I talk to a **waiter**, please?

#824 KELNERKA – WAITRESS

Pracuję jako **kelnerka** w restauracji.

I work as a **waitress** in a restaurant.

#825 SZEF KUCHNI – CHEF

Mój brat pracuje jako **szef kuchni** w restauracji.

My brother works as a **chef** in a restaurant.

#826 RACHUNEK – BILL

Czy mogę prosić o **rachunek**?

Can I have the **bill**, please?

#827 REZERWACJA – RESERVATION

Chciałabym złożyć **rezerwację** dla czterech osób.

I'd like to make a **reservation** for four people, please.

#828 DANIE DNIA – TODAY'S SPECIAL / DISH OF THE DAY

Jakie jest **danie dnia**?

What is **today's special**?

#829 ZAREZERWOWAĆ STOLIK – TO BOOK A TABLE

Chciałbym **zarezerwować** stolik dla pary.

I'd like **to book a table** for a couple.

#830 ZAPŁACIĆ GOTÓWKĄ – TO PAY WITH CASH

Chciałbym **zapłacić gotówką**.

I'd like **to pay with cash**.

#831 ZAPŁACIĆ KARTĄ – TO PAY WITH A CREDIT CARD

Czy mogę **zapłacić kartą**?

Can I **pay with my credit card**?

#832 ZŁOŻYĆ ZAMÓWIENIE – TO PLACE THE ORDER

Czy mogę **złożyć zamówienie**?

Can I **place an order**?

A short quiz: Provide the Polish equivalents of the following words

MENU

SUPPER

STARTERS / APPETIZERS

MAIN COURSE / MAIN DISH

COLD DRINKS

HOT DRINKS

WAITER
WAITRESS
CHEF
BILL
RESERVATION
TODAY'S SPECIAL / DISH OF THE DAY
TO BOOK A TABLE
TO PAY WITH CASH
TO PAY WITH A CREDIT CARD
TO PLACE THE ORDER

Chapter 13 – At Home

#833 SALON / POKÓJ DZIENNY – LIVING ROOM

W **salonie** jest telewizor.

There is a TV in the **living room**.

#834 KUCHNIA – KITCHEN

Musimy kupić nowe szafki do **kuchni**.

We need to buy new cupboards for the **kitchen**.

#835 ŁAZIENKA – BATHROOM

Idź do **łazienki**.

Go to the **bathroom**.

#836 SYPIALNIA – BEDROOM

W **sypialni** jest biblioteczka.

There is a bookcase in the **bedroom**.

#837 STRYCH – ATTIC

Wszystkie graty mamy na **strychu**.

We have all the clutter in the **attic**.

#838 GARAŻ – GARAGE

Garaż jest pusty. Mój mąż wziął samochód i pojechał do pracy.

The **garage** is empty. My husband took the car and drove to work.

#839 DACH – ROOF

Macie panele słoneczne na **dachu**?

Do you have solar panels on the roof?

#840 ŁAZIENKA DLA GOŚCI – GUEST BATHROOM

Łazienka dla gości jest na górze.

The guest bathroom is upstairs.

#841 OGRÓD – GARDEN

Uwielbiam spędzać czas w naszym **ogrodzie**.

I love spending time in our **garden**.

#842 JADALNIA – DINING ROOM

Chodźmy do **jadalni**. Przygotowałem posiłek.

Let's go to the **dining room**. I've prepared a meal.

#843 PRALKA – WASHING MACHINE

Czy możesz włożyć te ciuchy do **pralki**?

Can you put these clothes inside the **washing machine**?

#844 ZMYWARKA – DISHWASHER

Nie myję naczyń rękami. Mamy **zmywarkę** w domu.

I don't wash the dishes with my hands. We have a **dishwasher** at home.

#845 MIKROFALÓWKA – MICROWAVE

Używasz **mikrofalówki**?

Do you use a **microwave**?

#846 PIEKARNIK – OVEN

Włóż ciasto do **piekarnika**.

Put the cake in the **oven**.

#847 ZLEW – SINK

W **zlewie** są brudne talerze. Włóż je do zmywarki, proszę.

There are **dirty** plates in the sink. Can you put these in the dishwasher, please?

#848 SUSZARKA – HAIRDRYER

Gdzie jest **suszarka**? Muszę wysuszyć włosy.

Where is the **hairdryer**? I need to dry my hair.

#849 TELEWIZOR – TV

Mógłbyś włączyć **telewizor**?

Could you turn on the **TV**?

#850 ŻELAZKO – IRON

Musimy kupić nowe **żelazko**.

We need to buy a new **iron**.

#851 ODKURZACZ – VACUUM CLEANER

Odkurzacz jest na strychu.

The **vacuum cleaner** is in the attic.

#852 MOP – MOP

Potrzebujemy nowego **mopa**, ponieważ stary mop się zepsuł.

We need a new **mop** because the old one broke down.

#853 MIKSER / BLENDER – BLENDER

Często robisz potrawy używając **blendera**?

Do you often make dishes using a **blender**?

#854 LODÓWKA – FRIDGE

Możesz to włożyć do **lodówki**?

Can you put this in the **fridge**?

#855 ZAMRAŻARKA – FREEZER

Mięso jest w **zamrażarce**.

The meat is in the **freezer**.

#856 ŁADOWARKA DO TELEFONU – PHONE CHARGER

Zostawiłem **ładowarkę do telefonu** w biurze! Mogę skorzystać z twojej?

I left my **phone charger** in the office! Can I use yours?

#857 GARNEK – POT

Włóż wszystko do **garnka** i zagotuj.

Put everything in a **pot** and bring to a boil.

#858 PATELNIA – FRYING PAN

Włóż wszystko na **patelnię**.

Put everything in the **frying pan**.

#859 TALERZ – PLATE

Ile **talerzy** potrzebujemy na przyjęcie?

How many **plates** do we need for the party?

#860 SZKLANKA – GLASS

Poproszę **szklankę** wody.

I'd like a **glass** of water.

#861 WIDELEC – FORK

Czy możesz podać mi **widelec**?

Can you pass me the **fork**?

#862 NÓŻ – KNIFE

Mamy za mało **noży** w kuchni.

We don't have enough **knives** in the kitchen.

#863 ŁYŻKA – SPOON

Spróbuj zjeść to **łyżką**.

Try eating it with a **spoon**.

#864 ŁYŻECZKA – TEASPOON

Dodaj **łyżeczkę** proszku do pieczenia.

Add a **teaspoon** of baking powder.

#865 LADA KUCHENNA – KITCHEN COUNTER

Ta lata kuchenna wygląda okropnie.

This kitchen counter looks terrible.

#866 KRAN – TAP

Musimy wezwać hydraulika. Woda ciągle kapie z **kranu**.

We need to call a plumber. Water is still dripping from the **tap**.

#867 EKSPRES DO KAWY – COFFEE MACHINE

Ekspres do kawy jest zepsuty.

The **coffee machine** is out of order.

#868 SZAFKA KUCHENNA – CUPBOARD

Mąka jest w **szafce kuchennej**.

Flour is in the **cupboard**.

#869 MISKA – BOWL

Czy mogę dostać **miskę** ryżu?

Can I have a **bowl** of rice?

#870 KUBEK – MUG

Dostałam **kubek** od mojego kolegi.

I've got a **mug** from my friend.

#871 FILIŻANKA – TEACUP / COFFEE CUP

Poproszę **filiżankę** kawy.

I'd like a **cup** of coffee.

#872 SPRZĄTAĆ – TO CLEAN

Muszę **posprzątać** pokój.

I need to **clean** my room.

#873 GOTOWAĆ – TO COOK

W przyszłym tygodniu chcę **ugotować** zupę.

I want to **cook** soup next week.

#874 PRASOWAĆ – TO IRON

Czy mógłbyś **wyprasować** tamtą koszulę?

Could you **iron** that shirt?

#875 ODKURZAĆ – TO VACUUM

Odkurz dywan.

Vacuum the carpet.

#876 MYĆ NACZYNIA – TO WASH THE DISHES

Musimy szybko **umyć te naczynia.** Za godzinę przyjdą goście!

We need to quickly **wash these dishes.** The guests are coming in an hour!

#877 OGLĄDAĆ TELEWIZJĘ – TO WATCH TV

Nie **oglądam telewizji** często.

I don't **watch TV** often.

#878 PŁACIĆ CZYNSZ – TO PAY THE RENT

Nie mamy już pieniędzy, a musimy **zapłacić czynsz.**

We don't have any money left, but we need to **pay the rent.**

#879 MYĆ OKNA – TO CLEAN WINDOWS

W przyszłym tygodniu zamierzam **umyć okna.**

I'm going to **clean the windows** next week.

#880 ODGRACAĆ – TO DECLUTTER

Musimy **odgracić** mieszkanie.

We need to **declutter** the apartment.

#881 PRAĆ UBRANIA – TO WASH THE CLOTHES

Piorę ubrania dwa razy w tygodniu.

I **wash clothes** twice a week.

#882 PODLEWAĆ ROŚLINY – TO WATER THE PLANTS

Czy mógłbyś **podlać rośliny** kiedy mnie nie będzie w domu?

Could you **water the plants** when I'm not home?

#883 KOSIĆ TRAWNIK - TO MOW THE LAWN

Andy **kosi teraz trawnik**.

Andy **is mowing the lawn** right now.

#884 MYĆ SAMOCHÓD - TO WASH THE CAR

Umyj samochód jak będziesz w mieście.

When you're in town, **wash the car**, please.

#885 NAPRAWIAĆ - TO FIX

Naprawimy to, obiecuję.

We'll fix this, I promise.

A short quiz: Provide the Polish equivalents of the following words

LIVING ROOM

KITCHEN

BATHROOM

BEDROOM

ATTIC

GARAGE

ROOF

GUEST BATHROOM

GARDEN

DINING ROOM

WASHING MACHINE

DISHWASHER

MICROWAVE

OVEN

SINK

HAIRDRYER

TV

IRON

VACUUM CLEANER

MOP

BLENDER

FRIDGE

FREEZER

PHONE CHARGER

POT
FRYING PAN
PLATE
GLASS
FORK
KNIFE
SPOON
TEASPOON
KITCHEN COUNTER
TAP
COFFEE MACHINE
CUPBOARD
BOWL
MUG
TEACUP / COFFEE CUP
TO CLEAN
TO COOK
TO IRON
TO VACUUM
TO WASH THE DISHES
TO WATCH TV
TO PAY THE RENT
TO CLEAN WINDOWS
TO DECLUTTER
TO WASH THE CLOTHES
TO WATER THE PLANTS
TO MOW THE LAWN
TO WASH THE CAR
TO FIX

Chapter 14 – Doing the Shopping

#886 SKLEP – SHOP

Przepraszam, czy jest tu **sklep** w pobliżu?

Excuse me, is there a **shop** near here?

#887 SKLEP SPOŻYWCZY – GROCERY STORE

Szukam **sklepu spożywczego**.

I'm looking for **a grocery store**.

#888 SKLEP ODZIEŻOWY – CLOTHING SHOP

W pobliżu jest **sklep odzieżowy**. Chodźmy tam.

There is **a clothing shop** near here. Let's go there.

#889 SKEP OBUWNICZY – SHOE SHOP

Idę do **sklepu obuwniczego**.

I'm going to **a shoe shop**.

#890 PIEKARNIA – BAKERY / BAKER'S

Zamierzam iść do **piekarni** i kupić pieczywo.

I'm going to go to a **bakery** and buy some bread.

#891 KSIĘGARNIA – BOOKSHOP

Przepraszam, czy jest w pobliżu **księgarnia**?

Excuse me, is there a **bookshop** near here?

#892 STACJA BENZYNOWA – PETROL STATION / GAS STATION

Przepraszam, jak daleko jest do najbliższej **stacji benzynowej**?

Excuse me, how far is it to the nearest **petrol station?**

#893 APTEKA – PHARMACY \ DRUGSTORE

Muszę iść do **apteki**, żeby kupić ten lek.

I need to go to the **drugstore** to buy this medicine.

#894 KIOSK – PAPER SHOP / NEWSAGENT'S

Bilety na pociąg można kupić w **kiosku.**

You can buy train tickets in a **newsagent's.**

#895 SUPERMARKET – SUPERMARKET

Chodźmy do **supermarketu.**

Let's go to the **supermarket.**

#896 SKLEP SAMOOBSŁUGOWY – SELF-SERVICE SHOP

To jest **sklep samoobsługowy.** Tutaj płaci się tylko kartą.

It's a **self-service shop.** You can buy only with a credit card here.

#897 SKLEP SPORTOWY – SPORTS SHOP

Muszę iść **do sklepu sportowego** i kupić nową deskorolkę.

I need to go to a **sports shop** and buy a new skateboard.

#898 SKLEP Z UPOMINKAMI – GIFT SHOP

Chodźmy do **sklepu z upominkami.** Muszę kupić coś na urodziny Ewy.

Let's go to a **gift shop.** I need to buy something for Eva's birthday party.

#899 TERMINAL PŁATNICZY – PAYMENT TERMINAL

Terminal płatniczy jest tam.

The **payment terminal** is over there.

#900 PARAGON – RECEIPT

Czy potrzebuje Pan **paragon?**

Do you need a **receipt?**

#901 WÓZEK – SHOPPING CART / SHOPPING BASKET

Weźmy **wózek.** Musimy kupić dużo rzeczy.

Let's take **a shopping cart.** We have to buy a lot of stuff.

#902 PRODUKT – PRODUCT

Czy ten **produkt** nadaje się do dzieci?

Is this **product** intended for children as well?

#903 KASA – CHECKOUT

Przepraszam, gdzie jest **kasa**? Zgubiłem się.

Excuse me, where is the **checkout**? I got lost.

#904 WYPRZEDAŻ – SALE

Czy ten produkt jest **na wyprzedaży**?

Is this product **on sale**?

#905 PROMOCJA – SPECIAL OFFER

Dzisiaj mamy **specjalną promocję** na ten produkt.

Today we have a **special offer** for this product.

#906 KARTA PODARUNKOWA – GIFT CARD

Czy mogę dostać **kartę podarunkową** do waszego sklepu?

Can I get a **gift card** to your store?

#907 WEJŚCIE – ENTRANCE

Wejście jest tam.

The **entrance** is over there.

#908 WYJŚCIE – EXIT

Wyjście jest tam.

The **exit** is over there.

#909 KASA SAMOOBSŁUGOWA – SELF-SERVICE CHECKOUT

To jest **kasa samoobsługowa**. Tutaj można zapłacić tylko kartą.

It's a **self-service checkout**. You can pay here with a credit card only.

#910 TOREBKA PLASTIKOWA – PLASTIC BAG

Poproszę dwie **plastikowe torby**.

Two **plastic bags**, please.

#911 ŻEL POD PRYSZNIC – SHOWER GEL

Skończył nam się **żel pod prysznic**.

We've run out of **shower gel**.

#912 SZAMPON DO WŁOSÓW – SHAMPOO

Czy ten **szampon** jest dobry dla suchych i zniszczonych włosów?

Is this **shampoo** good for dry and damaged hair?

#913 ODŻYWKA DO WŁOSÓW – HAIR CONDITIONER

Potrzebuję **odżywki** do suchych włosów.

I need **conditioner** for dry hair.

#914 DEZODORANT – DEODORANT

Szukam **dezodorantu.**

I'm looking for a **deodorant.**

#915 MYDŁO – SOAP

Kupiłam **mydło** wczoraj, więc nie musisz kupować.

I bought the **soap** yesterday, so you don't have to buy it.

#916 KREM DO RĄK – HAND CREAM

Masz **krem do rąk** w torebce?

Do you have **hand cream** in your bag?

#917 SZCZOTECZKA DO ZĘBÓW – TOOTHBRUSH

Zapomniałam zabrać **szczoteczki do zębów** z domu.

I forgot to take a **toothbrush** from home.

#918 PASTA DO ZĘBÓW – TOOTHPASTE

Możesz zrobić **pastę do zębów** samodzielnie.

You can make your **toothpaste.**

#919 PIANKA DO GOLENIA – SHAVING CREAM

Mój brat nie używa **pianki do golenia.**

My brother doesn't use **shaving cream.**

#920 PAPIER TOALETOWY – TOILET PAPER

Skończył nam się **papier toaletowy.**

We've run out of **toilet paper.**

#921 CHUSTECZKI HIGIENICZNE – TISSUES / WIPES

Masz **chusteczki higieniczne?** Mam katar.

Do you have **tissues?** I have a runny nose.

#922 LAKIER DO PAZNOKCI – NAIL POLISH

Nie używam **lakieru do paznokci.** Wolę naturalnie wyglądające paznokcie.

I don't use **nail polish.** I prefer natural-looking nails.

#923 PŁATKI KOSMETYCZNE / WACIKI – COTTON PADS

Używam organicznych **płatków kosmetycznych** wielokrotnego użytku.

I use organic, reusable **cotton pads.**

#924 GĄBKA – SPONGE

Mamy **gąbkę**?

Do we have a **sponge**?

#925 PERFUME – PERFUME

Ten **perfum** pięknie pachnie. Wezmę butelkę.

This **perfume** smells very good. I'll take a bottle.

#926 PODKŁAD – FOUNDATION

Unikam noszenia **podkładu** w gorące letnie dni.

I avoid wearing **foundation** on hot summer days.

#927 CIEŃ DO POWIEK – EYE SHADOW

Zawsze nakładam **cień do powiek** na samym końcu.

I always apply **eye shadow** at the end.

#928 KREDKA DO OCZU – EYE PENCIL

Czy mogę pożyczyć twoją **kredkę do oczu?**

Can I borrow your **eye pencil?**

#929 SZMINKA / POMADKA – LIPSTICK

Mam **szminki** w różnych odcieniach.

I have **lipsticks** in different shades.

#930 TUSZ DO RZĘS / MASKARA – MASCARA

Zawszę noszę **tusz do rzęs** w torebce.

I always have **mascara** in my bag.

#931 PROSZEK DO PRANIA – WASHING POWDER

Kup dwa opakowania **proszku do prania.**

Buy two boxes of **washing powder.**

#932 POWIEŚĆ – NOVEL

Szukam **powieści.**

I'm looking for **novels.**

#933 LITERATURA PIĘKNA – FICTION

Przepraszam, gdzie znajdę **literaturę piękną?**

Excuse me, where can I find **fiction**?

#934 LITERATURA FAKTU – NON-FICTION

Szukam sekcji z **literaturą faktu**.

I'm looking for a **non-fiction** section.

#935 LITERATURA DZIECIĘCA – CHILDREN'S LITERATURE

Macie **literaturę dziecięcą**?

Do you have **children's literature**?

#936 PRZEWODNIK TURYSTYCZNY / PRZEWODNIK – GUIDEBOOK

Chciałbym kupić **przewodnik turystyczny** po angielsku.

I'd like to buy a **guidebook** in English.

#937 MAPA – MAP

Ile kosztuje ta **mapa**?

How much does this **map** cost?

#938 PLAN MIASTA \ TOWN MAP – CITY PLAN

Potrzebujemy **planu miasta**. W przeciwnym wypadku możemy się zgubić.

We need a **city plan**. Otherwise, we may get lost.

#939 BAJKI DLA DZIECI – STORYBOOK

Moja córka uwielbia czytać **bajki dla dzieci**.

My daughter loves reading **storybooks**.

#940 TECZKA – FILE / FOLDER

Włóż to do **teczki**.

Put this inside the **folder**.

#941 TAŚMA KLEJĄCA – STICKY TAPE

Mógłbyś kupić **taśmę klejącą**?

Could you buy some **sticky tape**?

#942 PAMIĄTKI Z PODRÓŻY – SOUVENIRS

Zawsze kupuję **pamiątki z podróży** kiedy jestem za granicą.

I always buy **souvenirs** when I'm abroad.

#943 SKLEP Z PAMIĄTKAMI – SOUVENIR SHOP

Przepraszam, szukam **sklepu z pamiątkami**.

Excuse me, I'm looking for a **souvenir shop**.

#944 POCZTÓWKA – POSTCARD

Kupmy **pocztówki** i wyślijmy je do naszej rodziny!

Let's buy **postcards** and send them to our family.

#945 POSĄŻEK / FIGURKA – FIGURINE

Przepraszam, po ile ta **figurka**?

Excuse me, how much does this **figurine** cost?

#946 ZAPALNICZKA – LIGHTER

Mogę pożyczyć twoją **zapalniczkę**? Chcę zapalić papierosa.

Can I borrow your **lighter**? I want to smoke a cigarette.

#947 BRELOK / BRELOCZEK – KEY FOB

Zbieram **breloczki**.

I collect **key fobs**.

#948 MAGNES NA LODÓWKĘ – FRIDGE MAGNET

Zawsze kupuję **magnes na lodówkę** kiedy jestem za granicą.

I always buy a **fridge magnet** when I'm abroad.

#949 ZABAWKA – TOY

Ta **zabawka** kosztuje 5 złotych.

This **toy** costs 5 zloty.

#950 ETUI NA OKULARY – SPECTACLE CASE

Muszę kupić **etui na okulary**.

I need to buy a **spectacle case**.

#951 ETUI NA TELEFON – PHONE CASE

To **etui na telefon** wygląda ślicznie.

This **phone case** looks nice.

A short quiz: Provide the Polish equivalents of the following words

SHOP

GROCERY STORE

CLOTHING SHOP

SHOE SHOP

BAKERY / BAKER'S

BOOKSHOP

PETROL STATION / GAS STATION

PHARMACY \ DRUGSTORE
PAPER SHOP / NEWSAGENT'S
SUPERMARKET
SELF-SERVICE SHOP
SPORTS SHOP
GIFT SHOP
PAYMENT TERMINAL
RECEIPT
SHOPPING CART / SHOPPING BASKET
PRODUCT
CHECKOUT
SALE
SPECIAL OFFER
GIFT CARD
ENTRANCE
EXIT
SELF-SERVICE CHECKOUT
PLASTIC BAG
SHOWER GEL
SHAMPOO
HAIR CONDITIONER
DEODORANT
SOAP
HAND CREAM
TOOTHBRUSH
TOOTHPASTE
SHAVING CREAM
TOILET PAPER
TISSUES / WIPES
NAIL POLISH
COTTON PADS
SPONGE
PERFUME
FOUNDATION

EYESHADOW
EYE PENCIL
LIPSTICK
MASCARA
WASHING POWDER
NOVEL
FICTION
NON-FICTION
CHILDREN'S LITERATURE
GUIDEBOOK
MAP
TOWN MAP \ CITY PLAN
STORYBOOK
FILE / FOLDER
STICKY TAPE
SOUVENIRS
SOUVENIR SHOP
POSTCARD
FIGURINE
LIGHTER
KEY FOB
FRIDGE MAGNET
TOY
SPECTACLE CASE
PHONE
CASE

Chapter 15 – Free Time

#952 CENTRUM INFORMACJI TURYSTYCZNEJ – TOURIST INFORMATION CENTER

Przepraszam, gdzie jest **centrum informacji turystycznej**?

Excuse me, where is the **tourist information center?**

#953 PRZEWODNIK – GUIDE

Gdzie jest **przewodnik**? Muszę z nim porozmawiać.

Where is the tour **guide**? I need to talk to him.

#954 BIURO PODRÓŻY – TRAVEL AGENCY

Kupiłam tę wycieczkę w **biurze podróży**.

I bought this trip at a **travel agency.**

#955 REZYDENT TURYSTYCZNY – HOLIDAY REPRESENTATIVE

Rezydent turystyczny będzie dostępny w piątek po południu.

The **holiday representative** will be available on Friday in the afternoon.

#956 WYCIECZKA – TRIP

Zorganizujmy **wycieczkę** do Warszawy.

Let's organize a **trip** to Warsaw.

#957 WYCIECZKA JEDNODNIOWA – DAY TRIP

To jest **wycieczka jednodniowa.** Zaczyna się o 6 rano, a kończy się o 6 6 po południu.

It's a **day trip.** It starts at 6 AM and ends at 6 PM.

#958 WYCIECZKA AUTOKAROWA – COACH TRIP

To jest **wycieczka autokarowa.**

It's **a coach trip.**

#959 ZWIEDZANIE – TOUR

O której godzinie rozpoczyna się **zwiedzanie?**

What time does the **tour** start?

#960 ZWIEDZANIE Z PRZEWODNIKIEM – GUIDED TOUR

Czy to jest **zwiedzanie z przewodnikiem?**

Is it a **guided tour?**

#961 ZWIEDZAĆ – TO DO SIGHTSEEING

Zostało nam trochę czasu. Chodźmy **zwiedzać.**

We have some time left. Let's **do some sightseeing.**

#962 WYCIECZKA ZORGANIZOWANA – ORGANIZED TRIP

Czy to jest **wycieczka zorganizowana?**

Is it an **organized trip?**

#963 ZWIEDZANIE MIASTA – CITY TOUR

Zwiedzanie miasta rozpoczyna się o 13:00.

The city tour starts at 1 PM.

#964 OPŁATA ZA WSTĘP – ENTRANCE FEE

Ile wynosi **opłata za wstęp?**

How much is the **entrance fee?**

#965 MIEJSCE ZBIÓRKI – ASSEMBLING POINT

Miejsce zbiórki jest tam.

The **assembling point** is over there.

#966 CZAS WOLNY – FREE TIME

Ile mamy **wolnego czsu?**

How **much free time** do we have?

#967 STARE MIASTO – OLD TOWN

Jak dotrę do **starego miasta?**

How can I get to the **old town?**

#968 POMNIK – MONUMENT

To jest bardzo słynny **pomnik**.

It's a very famous **monument**.

#969 RATUSZ – TOWN HALL

Ratusz został zbudowany w 1789 roku.

The **town hall** was built in 1789.

#970 MUZEUM – MUSEUM

Chodźmy do **muzeum**. Wstęp jest darmowy dla studentów.

Let's go to the **museum**. The entrance is free for students.

#971 MUZEUM NAUKI – SCIENCE MUSEUM

Może pójdziemy do **muzeum nauki**?

Why don't we go to the **science museum**?

#972 MUZEUM HISTORYCZNE – HISTORY MUSEUM

Nie przepadam za **muzeum historycznym**. Zobaczy coś innego w zamian.

I don't like **history museums**. Let's see something else instead.

#973 GALERIA SZTUKI – ART GALLERY

Chodźmy do **galerii sztuki**.

Let's go to the **art gallery**.

#974 WYSTAWA – EXHIBITION

Widziałam już tę **wystawę** online.

I've already seen this **exhibition** online.

#975 PARK – PARK

Moja siostra jest w **parku**.

My sister is in the **park**.

#976 KOŚCIÓŁ – CHURCH

Chodzisz do **kościoła**?

Do you go to **church**?

#977 BAZYLIKA – BASILICA

To jest bardzo znana **bazylika**.

It's a very famous **basilica**.

#978 KINO – CINEMA

Idę do **kina** ze znajomymi.

I'm going to the **cinema** with my friends.

#979 FILM – FILM / MOVIE

Obejrzmy jakiś **film**.

Let's see a **movie**.

#980 FILM AKCJI – ACTION FILM

Uwielbiam **filmy akcji**.

I love **action films**.

#981 THRILLER – THRILLER

Nie jestem wielkim fanem **thrillerów**.

I'm not a big fan of **thrillers**.

#982 KOMEDIA ROMANTYCZNA – ROMANTIC COMEDY

Komedia romantyczna to mój ulubiony gatunek filmowy.

Romantic comedy is my favorite movie genre.

#983 KOMEDIA – COMEDY

Nie lubię oglądać **komedii**.

I don't like watching **comedy**.

#984 HORROR – HORROR FILM

Nie oglądam **horrorów**, ponieważ się boję.

I don't watch **horrors** because I'm scared.

#985 FILM HISTORYCZNY – HISTORICAL FILM

Uważam, że **filmy historyczne** są bardzo ciekawe.

I think that **historical films** are really interesting.

#986 FILM PRZYGODOWY – ADVENTURE FILM

Obejrzmy jakiś **film przygodowy**.

Let's see an **adventure film**.

#987 FILM SCIENCE FICTION – SCIENCE FICTION FILM

Moja koleżanka nie lubi filmów **science fiction**.

My friend doesn't like **science fiction** films.

#988 MUSICAL / FILM MUZYCZNY – MUSICAL

Moim zdaniem **musicale** są nudne.

In my opinion, **musicals** are boring.

#989 SALA KINOWA – SCREENING ROOM

Chodźmy szybko do **sali kinowej**. Film już się zaczął.

Let's go to the **screening room** quickly. The movie has already started.

#990 MIEJSCE – SEAT

Gdzie są nasze **miejsca**?

Where are our **seats**?

#991 RZĄD – ROW

Nasze miejsca znajdują się w trzecim **rzędzie**.

Our sits are in the third **row**.

#992 EKRAN – SCREEN

Nie widzę **ekranu**.

I can't see the **screen**.

#993 BAR PRZEKĄSKOWY – SNACK BAR

Weźmy coś z **baru przekąskowego**.

Let's get something from the **snack bar**.

#994 POPCORN – POPCORN

Poproszę duży **popcorn**.

Large **popcorn**, please.

#995 BILET DO KINA – CINEMA TICKET

Ile kosztuje **bilet do kina** dla dziecka?

How much is the **cinema ticket** for a child?

#996 TEATR – THEATER

Pójdziesz ze mną do **teatru** w sobotę wieczorem?

Will you go to the **theater** with me on Saturday evening?

#997 SZTUKA – PLAY

Ta **sztuka** wygląda interesująco. Kupmy bilety.

This **play** seems to be interesting. Let's buy the tickets.

#998 SPEKTAKL / PRZEDSTAWIENIE – PERFORMANCE

Spektakl zaczyna się za pięć minut.

The **performance** starts in five minutes.

#999 WYSTĘPOWAĆ – TO PERFORM

Stresuje się gdy muszę **występować** publicznie.

I'm stressed when I have to **perform** in front of the public.

#1000 AKTOR / AKTORKA – ACTOR

Mój tata jest **aktorem**.

My dad is an **actor**.

#1001 BALET – BALLET

Może pójdziemy obejrzeć **balet**?

Wy don't we go see the **ballet**?

#1002 SCENA – STAGE

Czuję się dobrze na **scenie**.

I feel good on **stage**.

#1003 OPERA – OPERA HOUSE

Przepraszam, jak daleko jest do **opery**?

Excuse me, how far is it to the **opera house?**

#1004 CHÓR – CHOIR

Śpiewam w **chórze**.

I sing in a **choir**.

#1005 TANCERZ / TANCERKA – DANCER

Jestem profesjonalnym **tancerzem**.

I'm a professional **dancer**.

#1006 KLUB NOCNY / KLUB – NIGHT CLUB

Do zobaczenia w **klubie**!

See you at the **night club**!

#1007 KLUB MUZYCZNY – MUSIC CLUB

Chodźmy do **klubu muzycznego**.

Let's go to a **music club**.

#1008 PARKIET – DANCE FLOOR

Nie mogę go znaleźć. Przed chwilą był na **parkiecie**.

I can't find him anywhere. He was on the **dance floor** a while ago.

#1009 MUZYKA – MUSIC

Jaki typ **muzyki** lubisz najbardziej?

What type of **music** do you like the most?

#1010 KARAOKE – KARAOKE

Lubisz **karaoke**?

Do you like **karaoke**?

#1011 IMPREZOWAĆ – TO PARTY

Czasami **imprezuję**.

I sometimes **party**.

#1012 SPĘDZAĆ CZAS Z PRZYJACIÓŁMI – TO SPEND TIME WITH FRIENDS

W niedziele **spędzam czas z przyjaciółmi**.

I spend time with my friends on Sundays.

#1013 ZESPÓŁ MUZYCZNY – MUSIC GROUP

Jestem fanem tego **zespołu muzycznego**.

I'm a fan of this **music group**.

#1014 DJ / DIDŻEJ – DJ / CLUB DJ

Stoi obok **didżeja**.

She's standing next to the **DJ**.

#1015 DRINK – COCKTAIL

Jakiego **drinka** zamawiasz?

Which **cocktail** are you going to order?

#1016 LOŻA VIP – VIP LOUNGE

Chcielibyśmy zarezerwować **lożę VIP**.

We'd like to book a **VIP lounge**.

#1017 OCHRONIARZE – SECURITY GUARDS

Tutaj nie ma **ochroniarzy**.

There are no **security guards** here.

#1018 AKWAPARK / AQUAPARK – WATER PARK

Może pójdziemy do **aquaparku**?

Why don't we go to a **water park**?

#1019 PŁYWAĆ – SWIM

Nie umiem **pływać**.

I can't **swim**.

#1020 RĘCZNIK KĄPIELOWY – BATH TOWEL

Zabierz ze sobą **ręcznik kąpielowy**.

Take a **bath towel** with you.

#1021 RATOWNIK – LIFEGUARD

Czy jest tutaj **ratownik**?

Is there a **lifeguard** here?

#1022 SAUNA – SAUNA

Nie lubię chodzić do **sauny.**

I don't like going to the **sauna.**

#1023 UZDROWISKO / SPA – SPA

W weekend wyjeżdżam do **SPA** ze znajomymi.

I'm going to the **SPA** with my friends on the weekend.

#1024 MASAŻ – MASSAGE

Zamierzam iść na **masaż.**

I'm going to get a **massage.**

#1025 JACUZZI – HOT TUB / JACUZZI

On jest w **jacuzzi.**

She's in the **jacuzzi.**

#1026 KARNET NA SIŁOWNIĘ – GYM MEMBERSHIP

Ile kosztuje **karnet na siłownię?**

How much does a **gym membership** cost?

#1027 TRENING – WORKOUT

Zawsze zaczynam dzień od **treningu.**

I always start my day with a **workout.**

#1028 ĆWICZENIA – EXERCISES

Dzisiaj będę robić **ćwiczenia** na ręce i nogi

Today I'm going to do some arm and leg **exercises.**

#1029 TRENING CARDIO – CARDIO WORKOUT

Trening cardio to mój ulubiony rodzaj treningu.

Cardio workout is my favorite type of workout.

#1030 AEROBIK – AEROBICS

We wtorki mam zajęcia **aerobiku.**

I have an **aerobics** class on Tuesdays.

#1031 MATA DO ĆWICZEŃ – WORKOUT MAT

Musisz przynieść własną **matę do ćwiczeń.**

You need to bring your **workout mat.**

#1032 STRÓJ NA SIŁOWNIĘ – GYM CLOTHES

Masz już **strój na siłownię?**

Have you already got **gym clothes**?

#1033 DRZEWO - TREE

To **drzewo** ma już dwieście lat.

This **tree** is two hundred years old.

#1034 ŁAWKA - BENCH

On siedzi teraz na **ławce**.

He's sitting on the **bench** right now.

#1035 MIEJSCE PIKNIKOWE - PICNIC AREA

Przepraszam, gdzie jest **miejsce piknikowe**?

Excuse me, where is the **picnic area**?

#1036 KOSZ NA ŚMIECI - WASTE BIN

Wyrzuć to do **kosza na śmieci**.

Throw it into a **waste bin**.

#1037 PLAC ZABAW - PLAYGROUND

Plac zabaw jest tam.

The **playground** is over there.

#1038 KSIĄDZ - PRIEST

Mój brat jest **księdzem**.

My brother is a **priest**.

#1039 ZAKONNICA - NUN

Moja ciocia jest **zakonnicą**.

My aunt is a **nun**.

#1040 ZAKONNIK - MONK

Jej wujek jest **zakonnikiem**.

Her uncle is a **monk**.

#1041 CMENTARZ - CEMETERY / CHURCHYARD

Chodźmy zobaczyć zabytkowy **cmentarz**.

Let's go see the old **churchyard**.

A short quiz: Provide the Polish equivalents of the following words

TOURIST CENTER

TOURIST INFORMATION CENTER

GUIDE

TRAVEL AGENCY

HOLIDAY REPRESENTATIVE
TRIP
DAY TRIP
COACH TRIP
TOUR
GUIDED TOUR
TO DO SIGHTSEEING
ORGANIZED TRIP
CITY TOUR
ENTRANCE FEE
ASSEMBLING POINT
FREE TIME
OLD TOWN
MONUMENT
TOWN HALL
MUSEUM
SCIENCE MUSEUM
HISTORY MUSEUM
ART GALLERY
EXHIBITION
PARK
BRIDGE
CHURCH
BASILICA
CINEMA
FILM / MOVIE
ACTION FILM
THRILLER
ROMANTIC COMEDY
COMEDY
HORROR FILM
HISTORICAL FILM
ADVENTURE FILM
SCIENCE FICTION FILM

MUSICAL
SCREENING ROOM
SEAT
ROW
SCREEN
SNACK BAR
POPCORN
CINEMA TICKET
THEATER
PLAY
PERFORMANCE
PERFORM
ACTOR
BALLET
OPERA HOUSE
CHOIR
DANCER
NIGHT CLUB
MUSIC CLUB
DISCO
DANCE FLOOR
MUSIC
KARAOKE
PARTY
SPEND TIME WITH FRIENDS
MUSIC GROUP
DJ / CLUB DJ
COCKTAIL
VIP LOUNGE
SECURITY GUARDS
WATER PARK
BATH TOWEL
LIFEGUARD
SAUNA

SPA
MASSAGE
HOT TUB / JACUZZI
GYM MEMBERSHIP
WORKOUT
EXERCISES
CARDIO WORKOUT
AEROBICS
WORKOUT MAT
GYM CLOTHES
TREE
BENCH
PICNIC AREA
WASTE BIN
PLAYGROUND
PRIEST
NUN
MONK
CEMETERY / CHURCHYARD

Chapter 16 – Money

#1042 BANK – BANK

Przepraszam, gdzie jest najbliższy **bank**?

Excuse me, where is the nearest **bank**?

#1043 WYPŁACAĆ – TO WITHDRAW

Chciałbym **wypłacić** trochę gotówki.

I'd like to **withdraw** some cash.

#1044 GOTÓWKA – CASH

Tutaj można zapłacić tylko **gotówką**.

You can pay here with **cash** only.

#1045 KARTA KREDYTOWA – CREDIT CARD

Czy mogę zapłacić **kartą kredytową**?

Can I pay with a **credit card**?

#1046 KARTA ZBLIŻENIOWA – PROXIMITY CARD

To jest **karta zbliżeniowa**.

It's a **proximity card**.

#1047 CZEK – CHEQUE

Czy mogę zapłacić **czekiem**?

Can I pay with **cheque**?

#1048 WPŁACAĆ – TO DEPOSIT

Chciałbym **wpłacić** trochę gotówki.

I'd like to **deposit** some cash.

#1049 KONTO BANKOWE – BANK ACCOUNT

Chciałabym otworzyć nowe **konto bankowe**.

I'd like to open a new **bank account.**

#1050 **KONTO OSZCZĘDNOŚCIOWE – SAVINGS ACCOUNT**

Chciałabym otworzyć **konto oszczędnościowe.**

I'd like to open **a savings account.**

#1051 **OSZCZĘDNOŚCI – SAVINGS**

Masz jakieś **oszczędności?**

Do you have **savings?**

#1052 **PRZELEW BANKOWY – BANK TRANSFER**

Chciałbym wykonać **przelew bankowy.**

I'd like to make a **bank transfer.**

#1053 **BANKOMAT – ATM / CASH MACHINE**

Szukam **bankomatu.**

I'm looking for a **cash machine.**

#1054 **WPŁATOMAT – CDM / CASH DEPOSIT MACHINE**

Przepraszam, gdzie jest najbliższy **wpłatomat?**

Excuse me, where is the nearest **CDM?**

#1055 **POTWIERDZENIE ZAPŁATY – PAYMENT CONFIRMATION**

Chciałbym dostać **potwierdzenie zapłaty.**

I'd like to get a **payment confirmation.**

#1056 **HISTORIA TRANSAKCJI – TRANSACTION HISTORY**

Czy mogę zobaczyć **historię transakcji?**

Can I see my **transaction history?**

#1057 **KREDYT – CREDIT / LOAN**

Chciałbym dostać **pożyczkę.**

I'd like to get a **loan.**

#1058 **KREDYT HIPOTECZNY – MORTGAGE**

Chciałąbym dostać **kredyt hipoteczny.**

I'd like to get a **mortgage.**

#1059 **DŁUG – DEBT**

Mam ogromny **dług.**

I have a huge **debt.**

#1060 ODSETKI – INTEREST

Jake są **odsetki?**

What is the **interest?**

#1061 PODATEK – TAX

Ile **podatku** muszę zapłacić?

How much **tax** do I need to pay?

#1062 FAKTURA – INVOICE

Wyślij **fakturę** na ten adres email.

Send the **invoice** to this email address.

#1063 UMOWA – AGREEMENT

Musimy podpisać **umowę** zanim zaczniemy współpracować.

We have to sign an **agreement** before we start cooperating.

#1064 KANTOR WYMIANY WALUT – AN EXCHANGE OFFICE

Przepraszam, gdzie jest **kantor wymiany walut?**

Excuse me, where is the **exchange office?**

#1065 WALUTA – CURRENCY

Jaką **walutę** chciałby Pan wymienić?

What **currency** would you like to exchange?

#1066 KURS WYMIANY WALUT – EXCHANGE RATE

Jaki jest **kurs wymiany walut** dzisiaj?

What is today's **exchange rate?**

#1067 WALUTA KRAJOWA – NATIONAL CURRENCY

Nasza **waluta krajowa** to dolar.

Our **national currency** is the dollar.

#1068 WYMIENIĆ – TO EXCHANGE

Chciałbym **wymienić** pieniądze.

I'd like to **exchange** some money.

#1069 PRZEWALUTOWAĆ – TO CONVERT A CURRENCY

Chciałbym **przewalutować** pieniądze.

I'd like to **convert currency.**

#1070 KRYPTOWALUTA – CRYPTOCURRENCY

Czy akceptujecie **kryptowaluty**?

Do you accept **cryptocurrency**?

#1071 BITCOIN – BITCOIN

Czy mogę zapłacić **Bitcoinem**?

Can I pay with **Bitcoin**?

A short quiz: Provide the Polish equivalents of the following words

BANK

WITHDRAW

CASH

CREDIT CARD

PROXIMITY CARD

CHEQUE

TO DEPOSIT

BANK ACCOUNT

SAVINGS ACCOUNT

SAVINGS

BANK TRANSFER

ATM / CASH MACHINE

CDM / CASH DEPOSIT MACHINE

PAYMENT CONFIRMATION

TRANSACTION HISTORY

CREDIT / LOAN

MORTGAGE

DEBT

INTEREST

TAX

INVOICE

AGREEMENT

EXCHANGE OFFICE

CURRENCY

EXCHANGE RATE

NATIONAL CURRENCY

EXCHANGE

CONVERT A CURRENCY
POLISH ZLOTY
EURO
BRITISH POUND
US DOLLAR
CRYPTOCURRENCY
BITCOIN – BITCOIN

Conclusion

Congratulations! You have learned over 1,000 Polish words and some grammatical background.

Whatever your reason for learning Polish, this book should have been useful and provided you with the basic tools you need.

Learning a language is an endless journey. During it, you will encounter difficulties, but don't be discouraged! In the end, you will be rewarded with the most exciting prize: the knowledge of a new language.

All the best with it!

Check out another book by
Language Equipped Travelers

POLISH
—FOR—
BEGINNERS
A COMPREHENSIVE GUIDE FOR
LEARNING THE
POLISH LANGUAGE
FAST
—LANGUAGE EQUIPPED TRAVELERS—

Printed in Great Britain
by Amazon